28/3/80

Für Sie

liebe Frau Leinzierl

mit den besten Wünschen

ganz persönlich

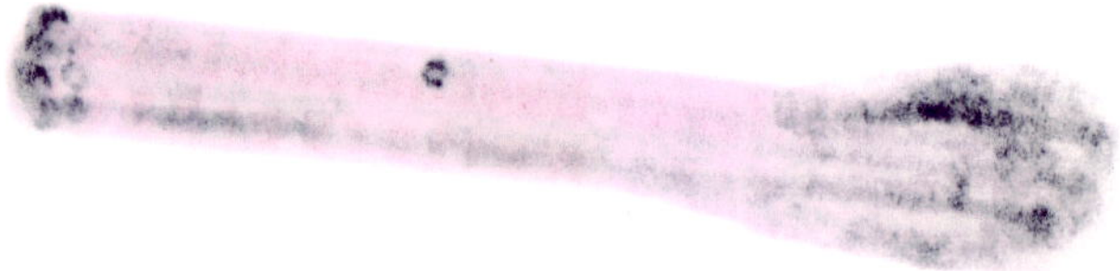

In tiefer Verbundenheit,
dem Freund, der mich lehrte, daß
der Mensch die Erfüllung seines
Lebensziels außerhalb seines Ich's
suchen und finden muß. Das allein,
die Überschreitung aller Grenzen
durch die Liebe, macht uns gesund.

KRAFT VON INNEN

HEIL WERDEN HEISST FREI WERDEN

Ernährungspsychologie rund um die Fastenkur nach Dr. F. X. Mayr

Beiträge zum Thema:
Die Bedeutung der Ernährung für Körper, Seele und Geist

DR. WALTRAUD SLADKY

ISBN 3-926258-03-9

3. Auflage

Verlag: Josef Schmidt Verlag, D-8580 Bayreuth
Herstellung und Druck: druck-tröger, D-8590 Marktredwitz

INHALT

VORWORT DES AUTORS

Dieses Buch setzt sich aus einer Reihe von Vorträgen zusammen, die im Gesundheitszentrum „Lanserhof" bei Innsbruck, einem Gesundheitszentrum nach Dr. F. X. Mayr, gehalten wurden. Sie sollten einen ergänzenden psychologischen Beitrag zur medizinischen Gesundheitslehre des großen Arztes Dr. F. X. Mayr darstellen. Da die Vorträge mit Absicht möglichst unverändert wiedergegeben wurden, bitten wir für gelegentliche Wiederholungen um Verständnis.

Der Begriff „Ernährungspsychologie" wird hier erstmals verwendet. Er soll den Einfluß der Ernährung nicht nur auf den Körper, sondern auch auf die Seele und den Geist bedeuten. In der Medizin bezeichnet man eine Nahrungsunverträglichkeit als Allergie. Diese umfaßt alle körperlichen Krankheitssymptome, welche beim Genuß bestimmter Lebensmittel auftreten. Ebenso ließe sich davon sprechen, daß wir „seelisch allergisch" auf bestimmte Nahrungsmittel reagieren in dem Sinne, daß diese uns aus dem seelischen Gleichgewicht bringen, gereizt aggressiv oder apathisch depressiv machen können, Angstzustände begünstigen, Konzentrationsstörungen auslösen. Mit anderen Worten: Unsere „seelische Frustrationstoleranz" weitgehend mindern. Dies verstärkt unsere Streßbereitschaft und vermehrt unsere Probleme.

Gewiß: „Es ist der Geist, der sich den Körper baut" (Goethe). Doch geben wir dem Körper nicht das, was er notwendig für die Erhaltung der Lebensvorgänge braucht, so wirkt er „herabziehend" auf unseren Geist ein, stumpft ihn ab und macht unser Denken negativ.

Aber auch das Umgekehrte gilt: Über die richtige Ernährung erreichen wir weitgehend seelische Ausgeglichenheit, Lebensfreude und damit die beste Garantie für Problemfreiheit!

Jedes Geschehen im Körper ist psychosomatisch in dem Sinne, als auch stets die Seele, der Gefühlsbereich notwendig mitbetroffen ist. Körperliche Krankheit beeinträchtigt unser seelischen Wohlbefinden und umgekehrt: Jede seelische Mißstimmung begünstigt körperliche Krankheit.

Wahre Vorbeugung wie Heilung beginnen dort, wo wir selbst Einfluß nehmen auf unsere Gesundheit mit den Mitteln der Natur wie insbesondere:

- Ernährung
- Entspannung / Bewegung
- Erkenntnis und Selbsteinsicht / Abstellen lebensfeindlicher, gesundheitsschädigender Gewohnheiten

Es wurde der Versuch gemacht, ein sehr differenziertes Geschehen möglichst leicht verständlich als Einführung in die Thematik darzulegen, um dem werten Leser eine andere Blickweise als er vielleicht bisher hatte, zu eröffnen und in ihm die Lust nicht nur auf Gesundheit, sondern auch zur bewußten Weiterentwicklung seiner Persönlichkeit zu wecken.

VORWORT

für das Buch von Frau Dr. Sladky
„Kraft von Innen“ – Heil werden heißt frei werden
Ernährungspsychologie rund um die Fastenkur nach F. X. Mayr
Die Bedeutung der Ernährung für Körper, Seele und Geist

Ich komme mit Freude und Genugtuung der freundlichen Aufforderung nach, für dieses Buch ein Vorwort zu verfassen. Seit Jahren befasse ich mich mit der F. X. Mayr-Kur und seit einigen Jahren arbeite ich mit Frau Dr. Sladky zusammen, um ein Maximum an Erfolg für die Menschen zu bewirken, die den Entschluß gefaßt haben, eine Mayr-Kur nach bestem Wissen und bestem Wollen unter unserer Anleitung durchzuführen. Die ganzheitliche Medizin, die Erfahrungsheilkunde und insbesondere auch die Medizin nach F. X. Mayr bewegt sich vorwiegend in dem Bereich, der nach F. X. Mayr so beschrieben werden könnte: „Nicht mehr ganz gesund, aber auch nicht richtig krank“.

Wir Mayr-Ärzte sind letztlich davon überzeugt, daß es die Hauptaufgabe der Medizin sein sollte, bzw. sein muß, entstehende gesundheitliche Schädigungen rechtzeitig zu entdecken und ein Fortschreiten dieser zu verhindern. In der heutigen Zeit ist meiner Meinung nach vor allem den offiziellen Stellen vorzuwerfen, daß sie einen entscheidenden Denkfehler mitzuverantworten haben: sie vermitteln dem hilfesuchenden Patienten eher das Gefühl, er selbst müsse nichts dazu tun, um wieder gesund zu werden; er müsse die Therapie der modernen Medizin passiv über sich ergehen lassen. Die passive Haltung ist das Kennzeichen unserer heutigen Medizin. Der Kranke will nur die heilende Aktivität des Arztes sozusagen ertragen, ohne zu erkennen, daß die Krankheit seiner eigenen falschen Tätigkeit entspringt und entsprang, und die Heilung zuallererst seiner persönlichen Arbeit bedarf. Es fehlt oft an der Einsicht, daß der Arzt nur Wegweiser sein kann, niemals Heiler selbst. Das ehrliche „mea culpa“, nicht das „warum dieser Schicksalsschlag" muß der erste Schritt des Kranken sein. Wir können uns nicht loslösen von dieser Verantwortung, die wir zu tragen haben für uns und unsere Kinder, wenn es auch angenehmer wäre, sich hinter der Schicksalhaftigkeit des Krankseins zu verschanzen. Nichts anderes als die zwangsläufige Folge der Mißachtung oft einfacher und bekannter Gesetze der Natur ist unser Kranksein. Nach Meinung von F. X. Mayr ist Krankheit nicht ein Ereignis, das uns sozusagen aus heiterem Himmel überfällt, sondern überwiegend von uns selbst von langer Hand vorbereitet.

Nun versucht die ganzheitliche Medizin, wie ihr Name schon ausdrückt, den ganzen Menschen als Einheit zu sehen, diese Einheit in ihrer Funktion insgesamt zu erfassen und daraus ihre Schlüsse abzuleiten. Gerade wir Mayr-Ärzte sehen zum Beispiel sehr häufig den Zusammenhang zwischen einzelnen, eher peripheren Symptomen und dem Nichtfunktionieren der Verdauung und des Stoffwechsels. Aufgrund der Beobachtungen bei dem von F. X. Mayr geprägten Begriff „Enteropathie" ziehen wir den logischen therapeutischen Schluß, daß eine echte und dauerhafte Behebung dieser Beschwerden eben nur durch Verbesserung, wenn möglich durch Heilung des Darms, des Stoffwechsels und somit des Verdauungsschadens vor sich gehen kann. F. X. Mayr hat in diesem Zusammenhang folgende Aussagen gemacht: „die Verdauungsstörung ist die Mutter aller Krankheiten" und „der Verdauungsapparat ist die Wurzel der Pflanze Mensch". Genau im Sinne der ganzheitlichen Medizin ist daraus folgerichtig abzuleiten, daß für uns Mayr-Ärzte der gesamte Organismus als „Verdauungsapparat" zu bezeichnen ist.

Jede Zelle des Organismus erfüllt ihre spezifische Pflicht im Gesamtgeschehen des Organismus. Nur die erste, die gröbste Stufe der Verdauung erfolgt in dem Teil, der gemeinhin als Verdauungsapparat bezeichnet wird – also im Magen-Darm-Kanal und seinen Anhanggebilden. Hier natürlich geschieht die Aufspaltung der Nahrung bis hin zu jener löslichen Form, in der die Nahrungsmittel ins Blut aufgenommen werden können. Über das Blut nun werden diese gelösten Stoffe allen Körperzellen zugeführt, worin dann die nächste Stufe der Verdauung vor sich geht; es werden die gelösten Nährstoffe von der Zelle aufgenommen und die Stoffwechselreste, also die Abbauprodukte, wieder ans Blut zur Ausscheidung abgegeben. Von jeder Zelle wird demnach aktive Verdauungsarbeit geleistet. Bestimmte Stoffe werden aufgenommen, in der Zelle festgehalten, während andere abgelehnt und mit der Gewebsflüssigkeit der Ausscheidung zugeführt werden. Diese Kraft, dieses Vermögen, mit der das Aufnehmen der erwünschten Stoffe und das Abstoßen der unerwünschten Bestandteile vor sich geht, stellt den Wertmesser der Leistungsfähigkeit dieser zweiten Verdauungsstufe dar. Nur wenn dieser Mechanismus der aktiven Zellarbeit einwandfrei funktioniert, kann sich die einzelne Zelle von Schlackenstoffen und Stoffwechselresten reinhalten, die bei der Verdauung automatisch gebildet werden und ausgeschieden werden müssen. Wenn nun aber diese Ansprüche an die Zellarbeit andauernd vermehrt sind, wenn also der Ansturm des Negativen, des Unerwünschten zu groß ist, muß diese Aktivität, dieses Leistungsvermögen, schließlich nachlassen, am Ende auch erlahmen, da sich die Kraftreserven vorzeitig verbrauchen. Die Folge ist, daß unerwünschte Giftstoffe in die Zelle eindringen und ihre Leistungsfähigkeit beeinträchtigen.

Nun müssen Sie sich vorstellen, daß dieser geschilderte Vorgang sich millionenfach gleichzeitig abspielt und dies natürlich aufgrund der Mannigfaltigkeit so überaus verhängnisvolle Folgen haben muß. Es kommt also hier zu der unserer Ansicht nach entscheidenden Stoffwechselstörung. Diese Stoffwechselstörung ist die Folge einer inadäquaten, nicht passenden Nahrungszufuhr – unserem Körper in zweifacher Weise inadäquat: Erstens, weil die Art und Zusammenstellung der Nahrung oft nicht entsprechend sind, und zweitens, weil die Menge und die Häufigkeit der Nahrungszufuhr oft nicht dem naturgegebenen Leistungsvermögen unseres Verdauungsapparates entsprechen.

Dies ist der Bereich, in dem sich Mayr-Ärzte, und natürlich alle Ärzte, die sich mit ganzheitlicher Medizin beschäftigen, bewegen sollen. Es gibt naturgegeben darüberhinaus noch eine Fülle von Komponenten und Dingen, die man beachten muß, und dazu ist es unserer Meinung nach notwendig, eben auch das Gebiet Vegetativum-Seele-Geist miteinzubeziehen. Es ist uns Ärzten sehr häufig nicht möglich, dieses weite Gebiet der Seele, des Geistes abzudecken. Es bedarf einer zusätzlichen Hilfe vonseiten der Psychologie. Deshalb erscheint es mir auch so wichtig, daß eine Psychologin, die sich jahrelang mit den Fragen der Ernährung, der Einwirkung und der Auswirkung der Ernährung auf den Gesamtorganismus beschäftigt hat, daß eine Psychologin dieser Ausbildung sich bemüht, eben das ganzheitliche Geschehen im Körper, im Menschen mitzuerkennen, mitzuerarbeiten, um daraus therapeutische Handlungsweisen und Verhaltensregeln abzuleiten. Ich glaube, daß dieses Buch in der Lage sein wird, einen Teil offener Fragen abzudecken, und einige grundlegende Antworten zu geben. Ich wünsche daher diesem Werk und seiner Autorin alles Gute, und großen Erfolg bei den Lesern, damit ein Maximum an Verbesserung der Einstellung jedes Einzelnen zu seiner Gesundheit, und damit auch zu seiner Krankheit, die Folge sein kann.

Dr. M. Winkler

EINFÜHRUNG

NEUES LEBEN FÜR DIE SEELE

Ist unser seelisches Wohlbefinden über die Ernährung beeinflußbar?

Als seit Jahren in der Praxis tätige Klinische Psychologin bin ich der Frage nachgegangen. Insbesondere hat mich dabei interessiert, ob und wie das Grundübel unserer heutigen Lebensweise – der vielfach beschriebene „Streß" – über die Ernährung sinnvoll beeinflußt werden kann. Studien und Erfahrungen gaben mir die eindeutige Antwort: Ja, wir können unser Lebensgefühl, unsere Lebensfreude, unser inneres Gleichgewicht entscheidend über die Ernährung steuern.

Es war mir von jeher ein persönliches Anliegen vorbeugend zu arbeiten, Mittel und Wege zu finden, die für jedermann durchführbar und erschwinglich sind, um möglichst gesund zu bleiben!

Doch bedarf es als erstes des Bewußtseins, daß wir selbst für unseren Gesundheitszustand verantwortlich sind, und daß „Heilung" ja gerade im aktiven Kräfteeinsatz besteht! Heilung ist stets Bewußtwerden und Weckung der eigenen Kraft. Darauf beruht ja auch das Prinzip der Homoöpathie, wenn sie unsere körpereigenen Abwehrkräfte wecken und uns damit stärken will.

Dennoch verfallen wir im Zeitalter der Machbarkeit gerne der Illusion, ein anderer könnte die Arbeit für uns tun! Aus der tiefen Einsicht, daß wahre Gesundung stets bedeutet, daß unsere inneren Kräfte stärker werden als die äußeren, die auf uns einwirken, kann letztendlich Heilung nur Erlangen von Unabhängigkeit bedeuten, Gewinn von einem Stück Freiheit!

Welche Möglichkeiten hat ein Mensch „heil" zu werden?

Wenn wir das Wesen von Krankheit betrachten, so können wir erkennen: Krankheit an ihrem Ursprung ist stets die Folge einer Abhängigkeit. Der Organismus ist nicht mehr „ganz", sondern es „fehlt ihm etwas". Der kranke Mensch hat sich in seinem Denken von etwas Äußerem abhängig gemacht, was er scheinbar notwendig zu seinem Glück braucht.

Daraus ersehen wir:
Heilung ist stets Gewinn von Unabhängigkeit, Freiheit. Deshalb können nur wir selbst uns letztlich heilen, indem wir eigenständiger, bewußter werden, dort, wo wir abhängig und unbewußt waren: medicus curat – natura sanat.

Demnach ist Heilung: Loslassen des Außen – Starkwerden im Inneren.

Drei Wege stehen uns dazu offen:

1. Loslassen auf körperlicher Ebene über die Ernährung: indem wir eine bewußte Auswahl treffen; d. h. wir werden das essen, was dem Körper optimal Kraft gibt. Und wir lassen das, was den Körper schädigt.

2. Loslassen auf seelischer Ebene über die Entspannung. In der Entspannung lösen wir uns von unseren Gefühlen. „Verspannungen lösen" heißt Loslassen unserer Gebundenheit an Außen.

3. Loslassen auf geistiger Ebene über die Erkenntnis und Einsicht in unsere wahren Beweggründe und ihrer positiven Annahme: Im Bewußtwerden und positiven Annehmen all dessen, was in uns vorgeht, unserer Gedanken und Einstellungen, negativ oder positiv, lösen wir uns vom Negativen. Indem wir mit Liebe darauf antworten, lassen wir unsere negativen Einstellungen los.

Doch dies erfordert unsere aktive Mitarbeit!

Körper, Seele und Geist bilden eine untrennbare Einheit. So sind mit unserem körperlichen Zustand auch das vegetative Nervensystem – also unsere Gefühle – zutiefst mitbetroffen!

Wollen wir zu neuer Erlebnisfähigkeit erwachen, unserem Leben eine positive Wende geben – denn wie innen so außen –, so können wir über den Körper auch Seele und Geist wieder sensibel werden lassen, offen machen für Kommendes! Dazu ist es jedoch notwendig den Stoffwechsel zu ändern. Der Stoffwechsel vieler Menschen heute ist buchstäblich „vergiftet", und zwar primär verursacht durch Streß und durch Fehlernährung. Diese meist chronische Vergiftung des Organismus geschieht auf dem Wege der „Selbstvergiftung" über den Verdauungsbereich. Und bei ständiger „Selbstvergiftung" hat der Mensch auch keine seelische Kraft zur Verfügung! Eine positive Änderung unseres Stoffwechsels erzielen wir durch die drei Prinzipien: Reinigung, Schonung und Schulung! Im Fasten („Lassen") reinigen und schonen wir unseren Organismus, um ihn im positiven Aufbau („richtigen Tun") anschließend zu schulen. Den wesentlichen Ausschlag für unsere Gesundheit ergibt jedoch die Dauerkost!

Es gibt viele Weisen zu fasten, als die günstigste erscheint mir die Fastenkur nach Dr. F. X. Mayr. Denn sie zielt auf das zentrale Organ unseres Körpers, das Verdauungssystem. Sie ist die ideale Grundlage dafür, um über die Körperreinigung gleichsam eine „Generalüberholung" auch unseres Wesens zu erzielen. Wir können in einem strengen oder milderen Fasten selbst erleben, daß unsere Leiden und Gebrechen veränderbar sind und erkennen, daß unser Wohlbefinden maßgeblich abhängig ist: von der richtigen Ernährung als der körperlichen Basis für unsere Lebenskraft. Durch die Mayr-Kur reinigen wir nicht nur unseren Körper, sondern führen vor allem auch unserer Seele neue Energien zu. Diese Kur zielt auf die Wiederherstellung und Gesundung unserer Verdauungsorgane, insbesondere der Leber und des Darmes. Das beste Essen schadet uns, wenn seine Umsetzung in körpereigene Kraft – sprich die rechte Verdauung – nicht gelingt. Durch die typischen Zivilisationserscheinungen wie Streß, falsche Ernährung, Genußmittel, Medikamentenmißbrauch, wenig Bewegung etc. ist das Verdauungssystem der meisten Menschen bereits mehr oder weniger stark belastet bis überlastet. Dennoch wird dies meist nicht bemerkt – der Darm gibt wenig Signale, es sei denn vielleicht Völlegefühl, Druck, Sodbrennen, unregelmäßige Entleerung –, so daß wir außer in einem besonders akuten Stadium oder einem sehr späten chronischen Stadium meist diese Beeinträchtigung nicht besonders beachten. Für unseren Mangel an Konzentration, für ständige Müdigkeit, Unlustgefühle, Schlaflosigkeit, Angstzustände, Schwindelgefühle, Nervosität, Aggressivität, Depression, Rückenschmerzen, Kopfschmerzen, monatliche Periodenschmerzen, Gelenkschmerzen, Rheuma, Arthritis und viele andere körperliche Organerkrankungen suchen wir meist andere Schuldige. Dennoch ist der Verdauungsbereich, insbesondere der Dickdarm des Menschen ein zentrales Organ, welches hochempfindlich auf Gefühlserregungen reagiert. Bei jeder Aufregung verkrampfen sich nicht nur unsere äußere Muskulatur, sondern auch die „Organmuskeln", besonders die Muskulatur des Dickdarms. Durch die ständige Angespanntheit bei chronischem Streß z. B. verringert sich die Sauerstoff- und Nährstoffzufuhr, die Darmschleimhaut verändert sich, verliert ihre Funktion als Wächter darüber, daß nur positive Nahrungsstoffe aufgenommen werden und der Darm nimmt bei entzündlicher Veränderung auch die Giftstoffe aus der Verdauung in die Blutbahn auf! Bei falscher Ernährung werden solche Giftstoffe zusätzlich im Darm gebildet! Je größer der Streß für einen Menschen ist, desto mehr verändert sich sein Darmbereich und desto stärker wirken Giftstoffe auf seinen gesamten Organismus ein; insbesondere auch auf das Nervensystem, was die „Reizschwelle" noch mehr erniedrigt, noch schneller nervös, gereizt, aggressiv oder apathisch und depressiv werden läßt! Und der Kreislauf beginnt von vorne!

Einhalt geboten werden kann dem weitgehend über eine Entgiftung und Entkrampfung des gesamten Organismus und vor allem über eine dauerhafte Änderung der Eßgewohnheiten! Mit den körperlichen Giftstoffen der Übersäuerung verlieren wir auch unsere seelische „Dumpfheit", wir können uns wieder konzentrieren, werden wacher, sensitiver, heller im Gemüt. Unsere intelligenten Fähigkeiten können nun erst voll zutage treten! Wir haben wieder Kraft, können uns von Herzen freuen und lösen die Anforderungen des Alltages mit spielerischer Gelassenheit!

Ich möchte hier nur einige wenige Punkte anführen, es gäbe deren viele mehr, inwiefern eine aufbauende, kraftspendende Ernährung auch unser Gefühlsleben wesentlich mitbeeinflußt:

- Steigerung der körperlichen und seelisch / geistigen Abwehrkräfte gegen Streß:

  Durch die Hebung der „Reizschwelle“ über die richtige Ernährung, gelingt es uns bei gleicher Intensität auf uns einprasselnder „Reize“ (Lärm, Leistungsanforderungen, Geschwindigkeit, Medien usw.) ruhiger zu bleiben, der Körper, das Nervensystem, unsere Gefühle, antworten nicht so „gereizt“ auf alles, was täglich auf uns einstürmt! Die Wiederherstellung der harmonischen Körperordnung über die Ernährung wirkt wie ein „Puffer“ auf Streßreize!

- Die Entgiftung des Körpers bewirkt auch die Entgiftung der Seele über das vegetative Nervensystem:

  Das bedeutet, daß wir innerlich ruhiger, „geordneter“ werden, klarer sehen, mehr Energie haben und dadurch erst frei werden, uns mit unseren persönlichen Problemen zu befassen und sie eher zu lösen. Vielfach bereits lösen sie sich durch ein Mehr an Energie „wie von selbst“ auf.

  Wer aber ständig müde, schlapp, gereizt, aggressiv oder lustlos depressiv ist, dem wachsen leicht die Probleme über den Kopf und er verdrängt sie meist im Bewußtsein seiner Schwäche schnell wieder.

- Spannkraft statt Verspanntheit:

  Viele Menschen leiden unter einem Mangel an Spannkraft, dafür sind sie am ganzen Körper – und damit auch im Gefühlsbereich – stark verspannt. Denn jede Aufregung, jeder negative Streß führt zur Verspannung unserer Muskeln, der Körper- aber auch der Organmuskulatur. Insbesondere die Muskulatur des Dickdarms ist eng mit unserem vegetativen Nervensystem – und damit unseren Gefühlen – verbunden. Oft führt diese innere Verkrampfung zu einer chronischen Verstopfung, worauf dann Abführmittel und Tees über die vermehrte Reizung des Darms diesen zum Arbeiten bewegen sollen. Das Übel wird aber nur verstärkt! Instinktiv essen wir oft auch übergroße Mengen an Rohkost, um so die Darmperistaltik zu erzwingen. Der Darm aber reagiert auf solche „äußeren", mechanischen Reizungen schließlich immer weniger, ähnlich einem müden Pferd, das man mit der Peitsche noch durch das Ziel treibt. Jedes Zuviel an Reizung „von außen" nimmt dem entzündlichen Darm weiter von seiner inneren Spannkraft weg, er wird immer verkrampfter bzw. erlahmt letztlich ganz. Und genauso verhält es sich mit dem ganzen Menschen, dasselbe Prinzip wird wirksam: Je mehr sich der „müde Mensch" noch durch Steigerung äußerer Reize (Medien, Arbeit, Vergnügungen, Genußmittel, etc.) „anpeitscht", desto sicherer sind ihm die späteren Folgen in der Ruhepause (Wochenendmigräne, Herzinfarkt im Urlaub, etc.).

Die Wiederherstellung der **inneren Spannkraft** des ganzen Menschen wie seines Verdauungsbereiches ist nur über eine vorübergehende Schonung möglich, d. h. durch Fasten, Änderung der Ernährung und idealerweise zusätzlichen Entspannungsübungen.

- Verminderung bis Beseitigung von akuten wie chronischen Angstzuständen über die Wiederherstellung der Körperordnung
- Aufhellung bis Beseitigung von depressiven Zuständen über die Entgiftung
- Positive Beeinflussung bis Heilung von Impotenz und Gefühlskälte über die Lösung von Darmverkrampfungen im Unterleib (häufige Ursache

von Impotenz / Gefühlskälte) und dem Wiedergewinn positiver Spannkraft

- Positive Beeinflussung der Anorexia Nervosa (Magersucht) und der verwandten Bulimie (Eß-Brechsucht) über die Reinigung und Entkrampfung des Verdauungsbereiches; Heilungsmöglichkeiten über eine ärztlich geführte bewußte Schonung des Verdauungssystems und ein ganz langsames allmähliches Aufbauen mit geringen Mengen gesunder Kost bis zur Wiederherstellung der vollen physischen und psychischen Nahrungsverträglichkeit. Dies erfordert jedoch eine jeweils sehr individuell abgestimmte Behandlung.

- Vollkraft statt Sparflamme:

  Viele Menschen leben nur „auf Sparflamme". Da sie sich konstant nicht ganz wohl fühlen (miß) brauchen sie häufig Genußmittel, um noch überhaupt Lust zu verspüren. Wer ständig wach, hellbewußt und „lustvoll" lebt, im Vollbesitz seiner Kräfte, für den bedeutet das Genußmittel oft sogar einen „Abfall" aus seinem Wohlbefinden, da es ihn ja nur aus dem Gleichgewicht des Kräftespieles bringen kann!

Das zeitweilige Fasten bzw. die bewußte Einschränkung der Ernährung sind eine natürliche Methode, um gesünder zu werden und zu bleiben. Das „Lassen-lernen", so schwer geworden für unsere „Haben-Gesellschaft", ist der naturgemäße Schlüssel nicht nur zu unserer Gesundheit, sondern es dient auch der Weiterentwicklung und dem Wachstum unserer Persönlichkeit!

Wachen wir auf, nehmen wir unser Schicksal selbst in die Hand! Der Alltag dient uns zur Übung!

„Nicht der Grad des Wohlstandes
bestimmt das Glück des Menschen,
sondern die Beziehung der Herzen
zueinander und unsere Einstellung
zum Leben. Eines wie das andere
liegt in des Menschen Macht und
das bedeutet, daß der Mensch immer
glücklich sein kann, wenn er nur
will, und, daß niemand ihn daran
hindern kann . . .“

Alexander Solschenizyn

KRAFT IM GLEICHGEWICHT

Wie können wir unsere Kräfte wecken und optimal nutzen?

INHALT

Kraft im Gleichgewicht

Wie können wir erkennen, wo unsere Energien blokkiert sind, wie können wir unsere Kräfte wecken und optimal nutzen?

„Alle Kraft kommt von innen“

Einleitung

Vom Umgang mit der Kraft

Alles ist fließende, schwingende Energie: Materie/ Körper und Seele / Geist. Auch im Menschen selbst wirkt diese Urkraft als seine Lebenskraft. Doch wie der Mensch mit dieser Kraft umgeht, wird ihm Freude oder Leid einbringen. Kraft seines freien Willens kann er unter Angst diese Energie in seinen Muskeln blockieren, so daß sie nicht mehr frei fliessen kann. Kraft seines freien Willens kann er auch mit seinen Kräften ins Ungleichgewicht kommen, „überschießende Kraft“ in einer Hinsicht entwikkeln und Schwäche in anderer. Das Lebensglück des Menschen hängt davon ab, daß er möglichst viel von seinen Kräften frei entfalten kann, daß er seine Kraft in Kontrolle, d. h. im Gleichgewicht behält und daß er seine Kraft in Richtung der Natur lenkt und nicht gegen seine eigene Natur einsetzt.

I. Die Situation heute

Zuviele Reize wirken ständig auf uns ein

Noch nie gab es so viele Menschen auf unserem Planeten. Diese Tatsache ist es, die viele von uns heute als einen gewissen „Druck“ von außen empfinden, der sie nicht zur Ruhe kommen läßt, auch wenn der Arbeitstag zu Ende ist. Es ist die konstante Überreizung unserer Sinne durch unsere tägliche Lebensweise, die uns nicht mehr abschalten läßt. Und wie viele von uns leiden unter dem sich ständig erhöhenden Tempo, dem sie nicht mehr folgen können. Krankheit, Depression, körperliche und seelische Ausfälle sind das Ergebnis. Das Absurde dabei ist, daß, um ein Beispiel zu nennen, die Spitzenkräfte einer Firma, die das Tempo vorlegen, welchem dann die ganze Mannschaft der Angestellten in ihren Leistungen folgen muß, oft selbst bereits schwer krank sind unter dem selbstauferlegten Druck. Aber in andauernder Überforderung ringen sie dem Körper noch die letzten Kräfte ab vor dem großen Zusammenbruch (Herz/Kreislauf u. dgl.). Dieses gegenseitige Hochschaukeln ins Verderben ist Ausdruck eines entgleisten Mechanismus, einer aus dem Gleichgewicht geratenen Gesellschaft. Die meisten unserer sogenannten „Streßkrankheiten" sind typische Phänomene von Reizüberflutung. Sie sind nichts anderes als fehlerhafter Gebrauch vorhandener Energien. Diese Zersplitterung unserer Kräfte führt schließlich auch zum Verlust unserer seelischen und körperlichen Gesundheit. Der äußere Druck wird zum „Druck im Kopf", zum „Stein im Magen", zum „Kloß im Hals" etc.

Regenerierung heißt Ruhe

Anstatt den Einfluß äußerer Reize zu verringern, lenken wir uns in der Regel mit neuen, möglichst noch stärkeren Eindrücken ab, um unsere abgestumpften Sinne (scheinbar) zu beleben. Das ist ein Teufelskreis, dem man, einmal gefangen, nur schwer wieder entkommt: starke Reize stumpfen unsere Sinne ab (Gewöhnungseffekt), um überhaupt noch etwas zu empfinden, erleben zu können, brauchen wir immer mehr davon. Dieser „Außengeleitetheit" entspricht auch die Qualität unserer Arbeit: wir arbeiten fast nur mehr mit dem Kopf, dem Intellekt. „Der Feind sitzt im Kopf". (Kafka)

Früher gebrauchten wir vorwiegend unseren Körper und der erholsame Schlaf stellte sich natürlich ein.

Der Körper besorgte gleichsam „von selbst" die Umschaltung von Anstrengung auf Ruhe, Muße, Sammlung der Kräfte. So sind wir nicht mehr „angenehm müde", sondern ab-gespannt, seelisch / geistig erschöpft oder auch über-spannt, nicht fähig abzuschalten. Wir haben insgesamt nicht weniger Energien als früher, sondern sogar mehr, doch sind unsere Kräfte oft zersplittert und ungerichtet, statt sich gesammelt und organisch zu entfalten; und als Resultat stehen uns dann oft sogar weniger Energien als früher zur Verfügung. Die sogenannten Zerstreuungen (Fernsehen, Kino, Medien u. dgl.) erleichtern

Zerstreuungen machen zerstreut

uns zwar den Augenblick, weil wir in der Blickrichtung nach außen unsere Erschöpfung nicht fühlen müssen. Doch rauben sie uns in der Regel noch weitere Energie, zerstreuen uns im wahrsten Wortsinne, und führen uns noch weiter von unserer eigentlichen Kraftquelle weg, von unserem Inneren.

Nach innen Wenden sammelt unsere Kraft

Alle Krankheit ist ein Mangel an Energie. Lange vor dem Ausbruch eines Symptoms erleben wir diesen Mangel als Zustand der Ermüdung.

Konflikte kosten Energie

Dabei kann es sich um die Folge einer natürlichen Verausgabung unserer Kräfte handeln, oder aber darum, daß wir Probleme und Konflikte in uns tragen. Denn auch diese kosten uns ständig Energie.

Der bereits sprichwörtliche Streß, unter dem wir heute leiden, Angst, Probleme und Krankheit haben allesamt den gemeinsamen Nenner: Mangel an Energie. Wie bereits erwähnt, wäre genügend Energie vorhanden, aber wir gehen mit unseren Kräften nicht richtig um, wissen nicht, wie wir sie bewußt handhaben, steuern können.

Ernährung ist nicht die einzige Energiequelle

Wenn wir überlegen, auf welche Weise wir zu mehr Kraft kommen, so werden wir meist zuerst an das Essen denken, die Ernährung als **die** Quelle von Energie. Doch gibt es viele andere Möglichkeiten zu mehr Energie zu kommen, wir müssen uns nur dessen bewußt werden und sie wahrnehmen. Ich denke dabei an einfache kleine Übungen, die jeder leicht erlernen kann, die ihm aber erstaunlich viel helfen können, in einem hektischen Arbeitsalltag sein seelisches Gleichgewicht zu bewahren. Denn das seelische Gleichgewicht ist die Voraussetzung für ein glückliches, gutes Leben.

II. Was ist Energie?

1. Der Mensch im Energiefeld

Energie hat viele Erscheinungsformen

In der Physik steht das Wort „Energie" für einen klar umrissenen Begriff. Wir nennen Energie einen Informations- und Wirkungsträger. Ob eine Maschine betrieben wird oder Muskeln bewegt werden, das menschliche Gehirn Informationen verarbeitet . . . jeweils wird Arbeit geleistet und das ist Energie. Hält ein Dauerläufer länger durch als ein anderer, so sagen wir: „Der hat aber Energie". Von welcher Art aber ist diese Energie; oder das Wesen der Energie von Ehrgeiz, Zorn, oder einer menschlichen Körperzelle, die auch zu den anderen Zellen Verbindungen schafft? Offensichtlich zeigt sich Energie in unzähligen Erscheinungsformen.

„Alles fließt", hat Heraklit vor Christus schon erkannt.

Die moderne Atomphysik kann es heute auch beweisen: Materie ist nur **eine** Form von Energie und das, was wir „Geist" nennen, ist eine **andere.** Der Unterschied liegt in der Schwingungsdichte.

> „Gott schläft im Stein,
> atmet in der Pflanze,
> träumt im Tier,
> und erwacht im Menschen".

Das ganze Universum ist erfüllt von Kraftströmungen, die gegenseitig aufeinander wirken, der Mensch ist als Teil der unveränderlichen Ordnung darin einbezogen. Materie ist in Form gebundene Energie, Leben, ist frei fließende, strömende Kraft. Leben und Tod sind nur zwei Seiten desselben Einen. Leben ist „wache" Energie und in dem Ausmaß nur sind wir lebendig, voll Leben, als unsere Energien geweckt sind, der Rest ist so tief im Schlaf, als ob es ihn nicht gäbe.

Energie beeinflußt unsere Stimmung

Der Mensch steht in ständiger Energie-Wechselbeziehung zur Umwelt. Positive Kräfte, wie ein strahlender Morgen oder die Berührung mit einem glücklichen Menschen wirken auf uns ein, setzen in uns „verklemmte" Energien frei. Umgekehrt werden negative Kräfte, häßliche Dinge, Kontakt mit aggressiven Menschen, unseren vorher freien Energiefluß hemmen, uns in schlechte Stimmung versetzen, unsere Energien stauen und blockieren. Und: wer mit Energien aufgeladen ist, hat eine stärkere Abwehrkraft gegen Negatives aller Art.

Die Persönlichkeit wird bestimmt von ihrer Lebenskraft

2. Das Energiefeld im Menschen: Energie bestimmt die Persönlichkeit

Üblicherweise sehen wir den Begriff der Persönlichkeit im allgemeinen nicht vom Phänomen der Energie her. Dennoch ist die Energie von allergrößter Bedeutung für die Persönlichkeit des Einzelnen und ihrem Standort in der Welt. Manche Menschen haben grundlegend mehr Energie als andere, manche brennen auf Sparflamme. Ein impulsiver Mensch z. B. kann seine steigende Erregung / Energie nicht zurückhalten, er muß den Überschuß möglichst schnell entladen. Der Depressive hat einen „gedämpften" Energiehaushalt. Entscheidend ist sowohl das Maß an Energie, als auch die Art, in der wir die Energie gebrauchen, sie frei fließt und schwingt, oder nicht frei fließen kann. Energie und sich frei entfaltende Lebenskraft hängen unmittelbar zusammen, sie sind im Kern dasselbe. Diese Lebenskraft schwingt ständig zwischen den beiden Polen Spannung und Lösung im Organismus, und wird bei Störungen der Energieversorgung beeinträchtigt (Nahrungsmangel, Verminderung von Sauerstoffzufuhr; Gifte, die den Stoffwechsel des Körpers blockieren und damit seine Energie mindern oder lähmen). Jeder Vorgang in uns, jedes Gefühl, jede Stimmung, jeder Gedanke hat seine Energieschwingung.

„Jeder Gedanke ist eine Kraft".

3. Erscheinungsformen der Energie beim Menschen

- als Körper und Körperausdruck (Summe der Muskel- und Gefühlsspannungen = Gestalt)
  Mimik, Verhalten, Empfindung (Wärme, Kälte, Schmerz)
- als Gefühl bzw. autonomes Nervensystem (Freude, Trauer, Wut, Angst = Oberflächengefühle)
- als Geist, Denken und reine Bewußtheit (Tiefenempfindung der Einheit, des geeinten Energiestromes von Mensch und Universum).

Je nach Situation lassen wir mehr Energie in den einen oder anderen Bereich einfließen.

III. Energie und Körper: Die Ernährung

Unseren Körper können wir durch optimale Ernährung in den energetischen Gleichgewichtszustand bringen, der am **meisten** Energie freisetzt; es nützt uns nämlich wenig, wenn wir zwar viel Energie besitzen (Körpergewicht, Muskelverspannungen), wir aber diese nicht in Freude oder Leistung umsetzen können.

Im Zustand inneren Gleichgewichtes erreichen wir die besten Wirkungen: Unser Handeln wird fruchtbar

Ich möchte hier auf die Ernährung nur insofern eingehen, als es das Energiekonzept im allgemeinen betrifft. – Details siehe Vortrag V: „Die Ernährung betrifft das ganze Wesen“.

Die Lebenskraft in uns kann grundsätzlich mehr gespannter oder mehr gelöster Natur sein.

Unsere Energie kann eher gespannt oder eher gelöst sein

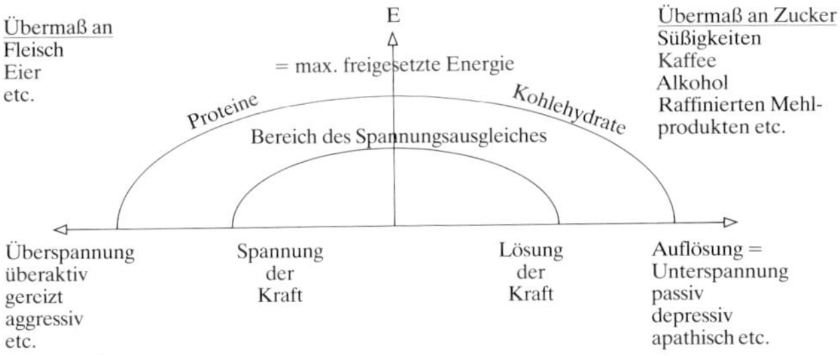

Bereich des Spannungsausgleiches = Normalbereich

Innerhalb des Normalbereiches sind wir „willkürlich“, d. h. in Kontrolle, wir haben Kontakt zu unserem Inneren, fühlen uns wohl.

Bewegt sich unsere Antriebskraft aber in Richtung der Extrembereiche, so sind wir „aus der Mitte gefallen“, haben uns nicht mehr im Griff, sind entweder zu aktiv getrieben oder zu passiv ausgeliefert.

In jedem Nahrungsmittel wohnen ebenfalls Spannungs- und Lösungskräfte und zwar zu verschiedenen Anteilen.

Zuviel Fleisch bindet unsere Kraft

Ich möchte es hier nur sehr vereinfacht andeuten: Eiweiß überhaupt, insbesondere Fleisch bringt uns in den Spannungsbereich, bei einem Zuviel in den Bereich der Überspannung (Aggressivität, Gereiztheit).

Zuviel Zucker zerstreut unsere Kraft

Raffinierte Mehlprodukte, Kohlehydrate, insbesondere Zucker und Süßigkeiten, sowie alle Genußmittel wie Alkohol, Kaffee etc. bringen uns in den Bereich der Lösung, bei einem Zuviel in die Auflösung, Unterspannung (Depression, Apathie, Gleichgültigkeit). Auch Medikamente haben eine schwächende Wirkung auf die Lebenskraft, stärken unseren Organismus nur punktuell.

Vollwert setzt Kräfte frei

Alle Vollwertprodukte halten mehr oder weniger genau die Spannungsmitte aufgrund ihrer besonderen Beschaffenheit. Deshalb machen sie uns ruhig, ausgeglichen, selbstsicher und effektiv.

Alle übrigen Nahrungsmittel bewegen sich in etwa im Bereich des Spannungsausgleichs. Sind die Spannungs- / Lösungskräfte in unserem Nahrungssystem groß, muß die Lebensschwingung des Organismus ein großes Kraftfeld umspannen, wodurch wegen der größeren Amplitude eine geringere Intensität des Kraftfeldes und eine geringere Geschwindigkeit (Frequenz) der Schwingung verursacht wird. [1]

Im Gleichgewicht sein gibt Widerstandskraft

Bei einer kleineren Schwingungshöhe (Amplitude), wie sie von Nahrungsmitteln „im Gleichgewicht" erzeugt wird, haben wir eine höhere Schwingungsfrequenz und damit außerordentliche Widerstandskraft!

geringe Durchsetzungsfähigkeit

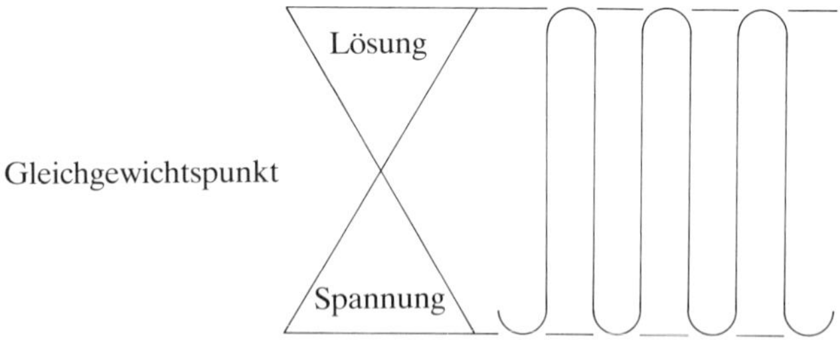

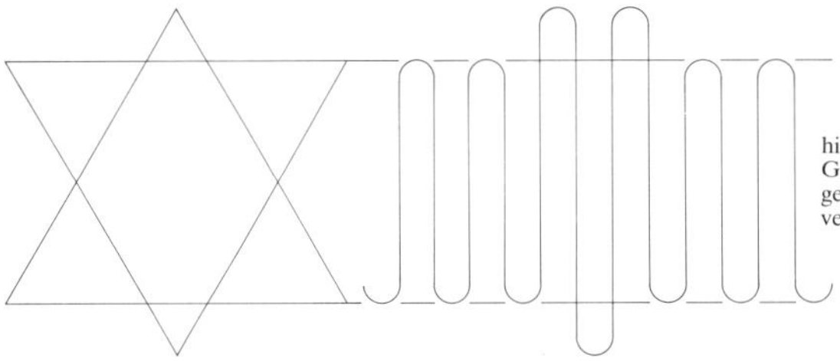

hohe Durchsetzungsfähigkeit

Selbstverständlich ist der Mensch bereits mit einer bestimmten Konstitution zur Welt gekommen, die ihn mehr in Richtung Spannung oder Lösung seiner Grundkraft prädestiniert. Dennoch läßt sich über eine ausgleichende Ernährung auch eine verbesserte Körperkonstitution erreichen.

Die richtige Ernährung hilft uns ins Gleichgewicht zu kommen

Durch eine bewußte, gezielte Ernährung bekommen wir nicht nur mehr Energie, sondern die Energie ist vor allem für uns optimal verfügbar. Denn ein Höchstmaß an Energie haben, heißt nicht, ein Höchstmaß zum Einsatz bringen – viel essen ist nicht gleich viel leisten können. Es kommt nicht darauf an, möglichst viel Kraft anzusammeln, entscheidend ist der richtige Gebrauch: Viel Kraft kann sogar ein Hemmnis sein für den, der sie nicht richtig gebrauchen kann, denn viel Kraft ist schwerer zu lenken (wir „schießen über das Ziel hinaus"). Manchmal ist es leichter, weniger Energie zur Verfügung zu haben (deshalb auch beliebt das Abreagieren im Sport), weil weniger Kraft leichter zu kontrollieren ist (Auto: Viel Kraft ist mehr Antrieb, Motor; weniger Kraft ist leichtere Steuerung; bei schnellem Fahren „kriegt man die Kurve nicht"). D. h. bei mittlerem Kraftantrieb im Spannungsausgleich erreichen wir den optimalen Kräfteeinsatz für unser Ziel, wir sind höchst effektiv.

IV. Energie und Gefühle: Das seelische Gleichgewicht

Energie hilft uns Probleme lösen

Probleme entstehen durch die Getrenntheit des „Ego" von der Außenwelt (Eigenbedürfnis / Fremdbedürfnis), und die Getrenntheit des Bewußtseins vom Unbewußten.

Als „Anpassungsleistung“ bezeichnen wir es, wenn der Mensch mit der Umwelt und sich selbst „ins Reine“ kommt, in harmonischem Gleichklang ist.

Dabei hilft uns Energie, denn sie
- erhöht unsere Lebendigkeit
- verstärkt die Abwehrkräfte gegen Krankheit
- hilft uns Probleme lösen (gleichsam wie Licht, wir können mehr sehen).

Wesentlich dabei sind:
1. Das Ausmaß der Energie (viel – wenig)
2. Die Art der Energie (gespannte oder gelöste Kraft)
3. Der richtige Gebrauch der Energie (Ausrichtung auf das Positive)

Wenn wir Probleme haben, sind unsere Energien nicht harmonisch ausgerichtet, sind im Konflikt. Dies ist das unangenehme Gefühl von „Spannung“; üblicherweise trachten wir danach, die verfeindeten Energien so schnell wie möglich loszuwerden, die Spannung zu entladen (Abreagieren im Sport, Aktivität, Sex, durch Betäubung, etc.). Das erleichtert uns zwar im Augenblick, doch ist das gerade so, als ob man sein Leben kleinweise „zum Fenster hinauswirft“.

Energien sammeln und ausrichten auf ein Ziel hin, statt abreagieren

Vielmehr:
Wir müssen die Energien in Einklang bringen, statt abzureagieren. Denn Energie fließt ständig nach, so daß wir wieder „Ventile“ dafür suchen müssen. Was oft als Vergnügen gilt, ist nur Befreiung von der (Spannungs-)Bürde. Wir bleiben damit im Negativen, im Re-agieren stecken. Tiefes Glück aber empfinden wir, wenn unsere Energien harmonisch zusammenstimmen.

<u>Zwei Arten mit der Energie umzugehen:</u>

Energien nach innen lenken

a) Abreagieren (der „gewöhnliche Zustand“ des Menschen).

Die Energie bewegt sich vom Zentrum zur Peripherie, weil das die Richtung ist, in der wir uns dann bewegen – nach außen.

b) Nach innen lenken, ausrichten auf das Ziel. Während die Bewegung nach außen abwechselnd Vergnügung und Erschöpfung bringt, führt uns die Ausrichtung nach innen zu Kreativität und tiefem Glück.

1. Störfaktor des inneren Gleichgewichtes:
   Die Angst (Streß)

(„In der Welt habt ihr Angst . . ." Joh.)

Alle Gefühle binden Energien. Doch die von negativen Gefühlen gebundenen Energien lassen sich besonders schwer lösen („schwer über etwas hinwegkommen . . .", sagt der Volksmund). Alle negativen Gefühle lassen sich auf eines reduzieren: Die Angst. Angst ist Mangel an Energie. Würden wir stark sein, bzw. uns so fühlen, bräuchten wir uns nicht zu fürchten. Angst ist die Alarmreaktion unseres Selbsterhaltungstriebes: Sie funktioniert umso früher, je weniger Energie bereits vorhanden ist (Die streitsüchtigsten, aggressivsten Personen sind die, die am wenigsten Energie haben).

Angst kann uns helfen, wenn sie nicht zu groß ist

Jeder von uns kennt Angst. Schon als Kind haben wir Angst vor dem Unbekannten, sie stiehlt sich durch zahlreiche kleine und große Ereignisse unseres Lebens und mündet schließlich in die Furcht vor dem großen Unbekannten, dem Tod. Organismen von geringer Intelligenz ist sie zum Leben unentbehrlich, doch je größer die Intelligenz ist, die „Urteilskraft", desto weniger muß ein „Affekt" als Auslöser für ein bestimmtes Verhalten wirken.

Biologisch gesehen hat Angst einen Sinn: Sie soll unser Leben schützen. Sie ist jedoch nur solange sinnvoll, als wir noch nicht aus Erfahrung gelernt haben. Denn: „Arbeiten wir an uns selbst", vermehren wir unsere Wachheit, unsere Einsicht und Voraussicht, so brauchen wir nicht mehr Angst zu haben. Wir werden Fehler nur einmal machen.

Angst hemmt unsere Verdauung, hemmt unsere Liebesfähigkeit und blockiert unser Denken

Physiologisch gesehen ist Angst ein Zustand hoher Erregung als Vorbereitung auf Schmerz, Stillhalten (Totstellreflex), Flucht oder Kampf.

Die wichtigsten Körperveränderungen angesichts von Gefahr:

- Aktivierung eines Teiles unseres Nervensystems – des sogenannten „Sympathikus"
- Ausschüttung von Hormonen in die Blutbahn
- Zusammenziehung der Muskeln
- Veränderung des Atems
- Verengung der Blutgefäße
- Steigerung des Blutdruckes
- u. a.

Verdauungs- und Sexualfunktionen werden stillgelegt: Es entsteht ein hoher Grad an Wachheit, doch ist die geistige Fähigkeit eingeschränkt auf unmittelbare Reaktionen, „bewußte" Denkprozesse werden blockiert.

Alle Sinne drängen uns, etwas zu tun, daß der Unlustzustand der Angst sich verringert.

Wir unterscheiden 3 Streßphasen:

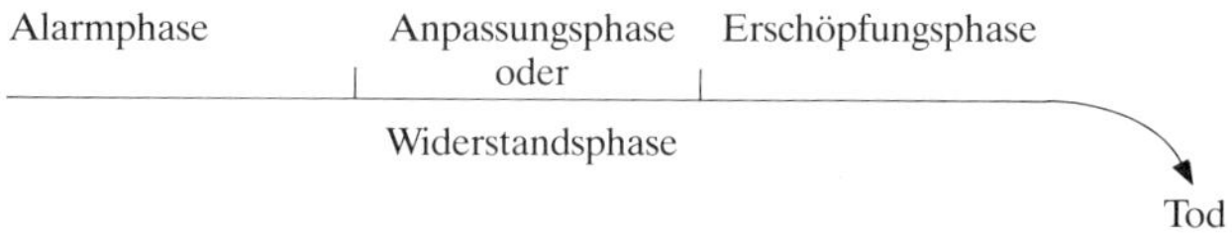

Angst ist gleichsam Energie, die gebunden ist, aufgestaut, und der wir uns meist so rasch als möglich zu entledigen suchen; wir wollen sie abreagieren, indem wir:[2]

So versuchen wir der Angst zu entfliehen: Aggressiv werden als „Kämpfertyp", sie verdrängen als „Fluchttyp", uns zurückziehen in die Depression als „Schrecktyp"

- aggressiv, impulsiv den Gefühlen freien Lauf lassen (schreien, toben, Gegenstände werfen) bzw. diese stellvertretend abreagieren (z. B. in übermäßigem Sport oder Überengagement und aggressivem Leistungsstreben) – so handelt der sogenannte „Kämpfertyp";
- passiv unsere Gefühle abreagieren, angstmachenden Situationen entfliehen, Konflikten aus-

weichen, sie verdrängen (und uns betäuben mit Alkohol, Überessen, Genußmitteln, etc.) als „Fluchttyp";

– oder als sogenannter „Schrecktyp" weder in den Angriff noch auf Flucht gehen, sondern antworten mit dem „Absacken" wichtiger Körperfunktionen bis hin zum Totstellreflex (Rückzug nach innen, in die Depression).

Langdauernde, unbewältigte Angst führt so zu chronischen Reaktionsweisen, die meist nicht mehr als solche, nämlich „Re-Aktionen" erkannt werden. Und je größer die Angst, je tiefer sie sitzt, desto schwerer ist sie auszugraben, als fehlgeleitete Motivation unseres Handelns sichtbar zu machen.

Sowohl der Kämpfer- und Fluchttyp, als auch der Schrecktyp leiden an einem Zustand chronischer Fehlsteuerung: Die ersten beiden sind in Über-Spannung, der Schrecktyp in Unter-Spannung (Auflösung), dem Zustand der Schwäche.

Angst ruft das Gefürchtete herbei

Angst, die wir nicht „im Griff haben", hat uns im Griff: Sie steuert Gefühle, Körperreaktionen und letztlich unser Handeln; unterdrücken wir sie, macht sie uns krank, handeln wir von ihr getrieben, so sind wir glücklos. Als Hiob klagte: „Was ich gefürchtet habe, ist über mich gekommen" gab er einer Jahrtausend alten Erfahrung Ausdruck, die besagt, etwas fürchten heißt, es herbeirufen.

2. Angst blockiert den Energiefluß

Wenn der Mensch sich wohlfühlt, frei, im Vollbesitz seiner Willkür und Kraft, fließt die „Lebensenergie" ungehindert durch den Körper. Je nach innerer oder äußerer Situation verläuft der Energiestrom dabei mehr in Form von Denken, Fühlen oder Körperbewegungen.

Blockierungen dieses Energiestromes entstehen durch negative Gefühle (Streß), letztlich aus Angst.

– Akute Blockaden: Die Anspannung läßt nach, wenn der „Streß" nachläßt.

– Chronische Blockaden: Bestehen als muskuläre Dauerverspannung oder unbewußte körperliche Angewohnheit (Gestik, Mimik, Hochziehen der Schultern, gebeugter Gang etc.) weiter, nachdem die ursächliche Belastung vorüber ist.

Folgen dieser Verspannungen

Verminderung unserer Energien (Fehlatmung, Aufbrauchen der Energien in Muskeln / Gefühlen, Toxikation!), daher:

- Behinderung unserer Beweglichkeit
- Einschränkung unseres Selbstausdruckes
- Einschränkung der körperlich / seelischen Gesundheit, Leistungsfähigkeit etc.

Erkenntnis vertreibt die Angst

Um unsere volle Lebendigkeit und emotionale Balance wieder zu erlangen, müssen wir akute wie chronische Verspannungen lösen. Wir müssen lernen „zu erkennen", statt Angst zu haben. Denn richtige Erkenntnis, Einsicht und Einstellung setzen Energien frei.

V. Wie kann ich meine Energieblockaden erkennen?

Worin und wie drückt sich die Blockierung meiner Energien aus?

- Als zu große innere / äußere Gespanntheit
- Als zu große innere / äußere Gelöstheit – Aufgelöstheit

1. Äußere Erscheinungsform

„Die Anatomie ist das Schicksal"
meinte bereits S. Freud,
und „Der Körper kann nicht lügen".

– z. B. Sitzweise:

geschlossene Sitzweise (Beine und Füße aneinandergeschlossen):
Ängstlichkeit nach Art des dienstbeflissenen Schülers, Kontaktscheu, penible Korrektheit u. a.

unbekümmerte geöffnete Sitzweise (Beine stehen völlig ungeregelt weit auseinander): Extreme Bequemlichkeit, Unbekümmertheit, Mangel an Disziplin, Rücksichtslosigkeit u. a.

- Bewegungen:
  verkrampft, gehemmt, verhalten oder unkoordiniert, aufgelöst
- Schultern:
  hochgezogen, zurückgezogen oder hängend, fallend
- Gestik:
  sparsam, verkrampft oder überstarkes Gestikulieren
- Mimik:
  angespannt, vorgeschobener Kiefer oder „aufgelöstes Gesicht“ (Beispiel: Lachen „Am Lachen erkennt man den Narren“ – Lachen ist besonders verräterisch)
- Hände:
  verkrampft, zu Fäusten geballt oder lascher Händedruck
- Brustkorb:
  aufgebläht oder zusammengepreßt
- Bauch:
  angespannt, eingezogen oder schlaff, Hängebauch
- Knie:
  durchgedrückt oder „weiche Knie“
- usw.

Die körperliche Erscheinung (Körpersprache) entspricht den seelisch / geistigen Vorgängen. „Der Mensch ist sein Körper“.

2. Psychische Auswirkungen: „Das Herz ist das Herz aller Dinge“: Die Seele verhält sich entsprechend dem Körper:
Überspannt bzw. unterspannt, aufgelöst

z. B. gestaute Spannkraft, verzwungen, krampfhaft, eigenwillig, trotzig, verschlossen, usw.

oder sich gehen lassen, haltlos, weich, verführbar, gleichgültig, usw.

3. Wie kann ich erkennen, in welcher Richtung ich aus dem „Gleichgewicht" geraten bin?

Indem ich den Zusammenhang verstehen lerne und mich selbst überprüfe.

So werde ich mir z. B. einige Fragen stellen, wie:

- Welche immer wiederkehrenden Schmerzen, Verspannungen, Krankheiten habe ich?
- Bin ich zu häufig „unnatürlich" müde, abgespannt, erschöpft, unausgeglichen, reizbar?
- Wie gehe ich an die Bewältigung größerer Aufgaben heran: Eher aktiv, immer auf dem Sprung, oder abwartend, was auf mich zukommt?
- Wie verhalte ich mich bei auftauchenden Schwierigkeiten: Ausdauernd, zäh, stur, reizbar, oder eher nachgiebig, zu konziliant, träge?
- Wie wirke ich auf andere Menschen: Tatkräftig, drängend befehlend, oder eher passiv, zögernd, folgsam, weich?
- usw.

Tatsächlich sind die meisten Menschen nicht entweder als Spannungs- oder Lösungsmenschen der positiven oder negativen Richtung zu charakterisieren. In der komplexen Natur liegt es begründet, daß sich bei ein- und demselben Menschen Spannungs- und Lösungsbereiche überschneiden. Die Interessenausrichtung des einzelnen bestimmt wesentlich in welchen Bereichen er mehr gespannt und in welchen er mehr gelöst ist.

VI. Wie kann ich meine Energieblockaden auflösen – die inneren Kräfte freisetzen?

1. Vermehrung von Energie

Um uns im Leben optimal behaupten und wohlfühlen zu können, benötigen wir ein gewisses Ausmaß an Energie (Vitalität, Grundtonus).

Dieses können wir vergrößern, in dem wir unsere Konstitution verbessern:

- durch richtige Ernährung (toxinarm, nährstoffreich)

Achtung:
Zuviel Nahrung ist zwar mehr Energiezufuhr, doch wendet sich der Überschuß gegen uns selbst; wir verbrauchen sie als Verdauungsenergie, so steht uns anteilsmäßig letztlich weniger zur Verfügung; oder sie verursacht „Überdruck“, was sich als zu starker Antrieb und schwere Lenkbarkeit (siehe früher) bemerkbar macht.

- Tiefenatmung (Sauerstoffzufuhr auch in die Lungenspitzen)

2. <u>Freisetzen von Energie</u>

Wir setzen unsere vorhandenen Kräfte optimal frei, wenn wir uns soviel als möglich im sogenannten Spannungsgleichgewicht bewegen (zwischen Spannung / Lösung) und Extremhaltungen vermeiden. Dann sind wir stets wach, bewußt, kontrolliert, aus Spannung wird Spannkraft.

Der Alltag als Übung

<u>Dies bedarf täglicher Übung:</u> Sie kann sich so gestalten, daß wir anfänglich uns von einer Überspannung befreien; lernen, uns völlig zu entspannen. Auf weite Sicht genügt das nicht, wenn wir nicht ständig hinter unseren Verspannungen „herlaufen“ wollen. „Wehret den Anfängen“: Wir müssen verhindern, überhaupt in Überspannung zu kommen.

Dies geschieht im täglichen Tun, indem wir uns ganz hinwenden auf das „Hier und Jetzt“. Wir werden im Gleichgewicht, „euton“ (Gegensatz: dyston) und in stetem Kontakt mit unserem Inneren, d. h. ruhig und bewußt, unsere Tätigkeit verrichten. Nach außen Kontakt haben, ohne uns innen zu verlieren.

Alles in Harmonie tun

Auch werden wir in unserem Inneren „Harmonie“ herstellen, indem wir das Bewußte und Unbewußte „auf eine Linie bringen“. Denn: Körper und Geist sind zwei Seiten e i n e r E n e r g i e.

Dazu eignen sich am besten Techniken wie: Muskelentspannung nach Jacobson, Autogenes Training,

Eutonie, Meditation (in dieser Reihenfolge).

Das Ziel ist: Wachsamer und doch gelassener zu werden!

3. Lenkung von Energie

Die Lösung unserer Probleme liegt in uns

Statt außen nach Lösung für unsere Probleme zu suchen, lenken wir unsere Aufmerksamkeit nach innen.

– Die physiologische Grundlage für die Lenkung der Energien: Bauch- und Zwerchfellatmung

  Durch die Bauchatmung sind wir mit unserem Innersten, dem Energiestrom von „Einheit und Harmonie" verbunden. Dem entsprechen die positiven Gedanken, die wir bewußt formulieren und auf unsere Ziele ausrichten; denn: Denken heißt verwirklichen.

– Die seelisch / geistige Ausrichtung: Positives Denken, positive Vorstellungsbilder

Entspannung gleicht einer Beruhigung von Wellen auf dem See; ist die Wasserbewegung abgeklungen, kann man den Grund des Sees erblicken, der normalerweise unsichtbar bleibt.

VII. Einfache Techniken für den Alltag zum Gewinn bzw. Freisetzen von Energie (kurz- und langfristig zu üben)

„Alles Wissen oder Lernen ist, verglichen mit der Tiefe der Erfahrung, wie ein Tropfen Wasser, der ins Meer fällt".

(Zen-Meister)

1. Muskelentspannung: (nach Jacobson)

Für den, der sich schwer entspannen kann

– Systematisches Anspannen / Entspannen der Muskelpartien des ganzen Körpers – bewußtes Hinfühlen zum jeweils bewegten Muskel.

– Erforschen der Bewegungsmöglichkeiten: Bequemer Stand, Augen schließen; Sie versuchen frei nach Fantasie die verschiedenen Bewegungsmöglichkeiten der Körperteile. Fangen Sie z. B. mit Fingern / Händen an, beobachten Sie deren

Bewegungsarten. Wesentlich dabei ist, daß Sie bewußt hinfühlen.

2. Erfühlen der Gegenwart:

Für den, der „ganz da“ sein will

- Wo immer Sie gerade gehen, stehen, sitzen, liegen, wenn möglich Augen schließen und einfache Körperreaktionen wahrnehmen; zuerst: wo trifft mein Körper auf konkreten Widerstand im Kontakt mit dem Außen, der Kleidung, Auflagefläche u. a. (z. B. Fußsohlen spüren beim Gehen, Stehen, Sitzen). Diese Berührung mit dem Außen gibt uns sofort ein Gefühl der Sicherheit, läßt uns die Konturen, Grenzen, unsere Identität wahrnehmen;
- im Weiteren: Hineinlauschen in den Körper auf die autonomen Körperreaktionen, den Atem, das Herzklopfen usw.;
- im Weiteren: Achten auf die Gefühle; sich fragen, wie fühle ich mich, was können mir meine Gefühle sagen;
- im Weiteren: Achten auf die Gedanken, Fragen, was geht mir eigentlich durch den „Kopf“, den Sinn?

3. Atembewußtsein:

- Betrachten Sie den Weg der Luft in den Atemwegen, aufmerksam, ruhig, nach innen gewandt, ohne den Atem zu verändern, ohne sich einen Rhythmus aufzuerlegen. Lassen Sie sich im Gegenteil vom natürlichen Rhythmus tragen. Beobachten Sie die Atembewegungen bis Ihre Gedanken unwillkürlich schweigen, bis Sie die Empfindung haben „geatmet zu werden“, und Sie ganz mit Ihrem Atem eins sind. Stellen Sie sich dabei vor, daß Sie positive Energie mit jedem Atemzug in den Körper hineinnehmen, Negatives mit dem Ausatmen loslassen.
- Verstärkung der geistigen Konzentration durch Zählen der Atemzüge von 1 – 10, und wieder beginnend.
- Bauchatmung: Atmen Sie tief in den Bauchraum ein, so daß sich der Bauch stark nach außen wölbt,

Bauchatmung gibt Energie

dann lassen Sie den Atem langsam wieder ausströmen, bis zum „letzten Tropfen". Jetzt lassen Sie wieder den Einatem zu . . .

– Intensivierung der Entspannung durch Atmen „in den Körper hinein" (über die Bauchatmung).

  Legen Sie sich bequem hin, Augen schließen, lassen Sie sich Zeit den Körper wahrzunehmen; dann konzentrieren Sie sich auf den Atem im Bauchraum, auf alle seine Phasen; einatmen, Senken des Zwerchfells, Dehnung von Brust und Bauch, um die lebensspendende Luft aufzunehmen. Stellen Sie sich vor, daß Sie auch in andere Körperteile hineinatmen: z. B. in das Becken und die Beine hinab bis zu den Zehen. Stellen Sie sich vor, wie sich die Beine beim Einatmen ein wenig dehnen, beim Ausatmen etwas zusammenziehen. Nun lassen Sie die Luft in Arme und Finger ausströmen. Atmen Sie auch in Schultern und Nacken usw.

4. <u>Einführung eines Entspannungstages</u> – dessen Wirkung 1 – 2 Wochen anhält:

Schwäche ist Überspannung bzw. Unterspannung. Wir werden aber nicht durch vermehrte Willensanstrengung den Willenskampf noch verschlimmern, sondern uns entspannen statt noch mehr anzustrengen, und uns durch Willensanstrengung noch mehr zu verkrampfen.

Bleibe am Ruhetag möglichst liegen, Telefon, Radio abgestellt, nimm evtl. ein heiteres, leichtes Buch zur Hand. Mache mehrmals am Tag Entspannungsübungen, atme bewußt Sorgen und negative Gedanken weg. Iß nur leichte Kost, damit der Körper Ruhe hat und sich entgiften kann. Fühle Dich wie auf einer „Insel des Friedens", wo Dich nichts stören kann. Beende den Tag mit einer weiteren Entspannungsübung und der Gewißheit, am Morgen wie neugeboren aufzuwachen.

Bei regelmäßiger Anwendung nur einer dieser Übungen wird sich mit Sicherheit der Erfolg einstellen.

Diese Übungen führen den Menschen unserer Zeit aus seiner tiefen Verspannung (Hemmung, Konflikt, Gefühlsblockade, Verhärtung) oder Zerstreutheit (Haltlosigkeit, Unkonzentriertheit, Ziellosigkeit) hin zu seinem ihm eigenen leibseelischen Spannungsgleichgewicht, seinem maximalen Energiepotential. Dabei belebt der Übende seine Fühlfähigkeit, denn die Lebendigkeit der Sinne ist auch die Basis für jegliches Denken. So wollen wir zwar wieder fühlen lernen, doch auch nicht im Gefühl verhaftet bleiben.

VIII. Energie und Geist: Energie gewinnen durch positives Denken

Unseren Körper pflegen wir über die richtige Ernährung. Unsere Gefühle ordnen wir durch ständiges "Wiedereinpendeln" in das seelische Gleichgewicht.

Und unser Geist wird uns am besten leiten, wenn wir ihn konzentrieren, auf ein Ziel hin sammeln, das es zu erdenken gilt.

Sammlung der Energien auf ein Ziel hin hilft es zu verwirklichen

Denn: Erhöhte Konzentration setzt erhöhte Energie frei. Und mehr Energie hilft uns, das zu verwirklichen, was wir uns vorstellen, denken. Je stärker und deutlicher die Vorstellung, umso intensiver ist der Energieaufwand. Vorstellungen haben nämlich, insbesondere wenn sie gefühlsbetont sind, die Kraft, sich zu verwirklichen; d. h. das im Unterbewußtsein vorhandene Gedankenbild realisiert sich in den äußeren Lebensumständen.

Wer klagt, vermehrt sein Unglück

Wer ständig klagt, vergiftet nicht nur seine Seele, sondern auch sein Leben. Seine negativen inneren Vorstellungen werden gleichsam fixiert, sie graben sich ihm und der Umwelt immer stärker ein, so daß ihm letztlich sogar die Umwelt Gründe liefern wird, zu klagen.

Welcher Art sollen nun unsere Vorstellungen sein, damit wir Gesundheit, Liebe, Erfolg, ein erfülltes Leben haben?

– Damit unsere Vorstellungen auch tief vom „Kopf“ in unser Unterbewußtsein sinken und daher sich verwirklichen können, sollten wir in einem tief entspannten Zustand uns unsere Zielvorstellung vor Augen halten

- Wir werden die Zielvorstellung in klare positive Worte fassen
- Zusätzlich werden wir uns ein „Bild“ ausdenken, das für uns selbst am besten zu dieser Zielvorstellung paßt und motivierenden Charakter hat

Dazu noch einige besondere Hinweise:

- Eine Schwäche, die wir bekämpfen wollen, darf nicht einfach verneint werden wie z. B. ich habe keine Angst; vielmehr ist das Gegenteil zu bejahen: Ich habe Vertrauen . . .
- Allen Zweifel ausschalten! Wer daran zweifelt, ob das Erwartete auch eintrifft, setzt bereits das erste Hindernis!
- Durchhalten! Die Kräfte der Psyche brauchen eine Zeit, ehe sie vom bloßen Gedanken zum entsprechenden Gefühl und zur Verwirklichung in der äußeren Welt gelangen!
- Sprechen Sie mit niemandem über Ihre innigsten Vorstellungen! Sie müssen Kraft in sich ansammeln für deren Verwirklichung. Wenn Sie darüber sprechen, zerfließt und zerströmt Ihnen Ihre Kraft wieder!
- Wünschen Sie sich nie Dinge, die auf Kosten anderer gehen! Das Schicksal wird Ihnen die Antwort entsprechend geben!

Sie können solche Zielvorstellungen bilden zur Änderung von Gewohnheiten, Charaktereigenschaften, Verhalten, doch auch für konkrete Ziele, z. B. wollen Sie zu einer bestimmten Zeit aufstehen, in Ruhe essen, gründlich kauen, u. a. Wenn wir so unsere Gedanken ständig aufmerksam überwachen, werden wir auch nach und nach alles negative Denken, das uns nur Mißerfolg einbringt, ausschalten können!

Zusammenfassung

Unser Körper, unsere Seele und unser Geist wollen gleichermaßen gut von uns behandelt werden! Unsere Körperkräfte wecken wir am besten über eine gute aufbauende und ausgleichende Ernährung.

Die Seele lassen wir aufleben in der Entspannung. Und den Geist lenken wir von äußerer Betriebsamkeit weg nach innen hin in unser eigenes Wesen:
So gewinnen wir Erkenntnis, Verständnis, Unbewußtes wird bewußt.

Im „Blick nach innen" entdecken wir das Unbekannte, erfahren wir uns selbst, werden mit uns vertraut. Das vertreibt die Angst. Es ist wie mit der Finsternis. Du trägst eine Kerze hinein und alles Dunkel ist verschwunden. Du trägst Verständnis in eine Sache und die Schatten sind fort.

Zusatz

Üblicherweise haben wir die Neigung, auf einen Energiemangelzustand wie folgt negativ zu reagieren:

Energiemangel

negative Reaktion	positive Reaktion
– Abreaktion der Spannung (Überessen, Rauchen, Alkohol, Kaffee, Medikamente usw.) (passives „Fluchtverhalten“) – Abreaktion und Ausagieren der Spannung (Sport, vermehrtes Leistungsstreben, Zufuhr von Ablenkungsreizen (aktives „Kampfverhalten“)	– Gewinn von Energie durch bewußte Ernährung (weniger Giftstoffe) – Gewinn von Energie durch bewußte Atmung (Bauchatmung) – Stop dem Energieverbrauch in Muskeln und Emotionen (durch regelmäßige Entspannung) – Freisetzen von Energie durch den Zustand des Spannungsausgleiches – Lenkung der Energie durch Aufsuchen der inneren Kraftquelle, positives Denken.
Ergebnis	Ergebnis
Verstärkung des Energiemangelzustandes. Verlust der Eigenkontrolle – Außengeleitetheit	Vermehrung der zur Verfügung stehenden Energie. Übernahme der Selbstkontrolle, erhöhtes Selbstbewußtsein – Innengeleitetheit
Abhängigkeit	Freiheit

WARUM FASTEN?

INHALT

Warum fasten?

Einstweilen bis den Bau der Welt
Philosophie zusammenhält,
erhält sich das Getriebe
durch Hunger und durch Liebe.
(F. Schiller)

Fasten ist freiwillige Enthaltung

In diesem Vortrag möchte ich Ihnen gleichsam das **„geistige Prinzip"** ein wenig erläutern, welches sich hinter dem Fasten verbirgt. **Fasten ist die bewußte Enthaltung** von der Nahrung. Wozu ist es gut? Erst wenn ich seinen Nutzen für mich genau kenne, kann ich die anfänglich dafür nötige Kraft aufbringen. Wie Sie vielleicht wissen, ist es etwas ganz anderes, ob ein Mensch hungern muß, weil er nichts zu essen hat, oder aber bewußt fastet. Der Arzt kann Ihnen die vielfältigen Unterschiede bestätigen: Im ersten Fall verfallen Körper und Geist sichtbar, die Haut wird grau, der ganze Mensch wird müde, schlapp, apathisch, kraftlos – der Mensch erlebt deutlich einen Verlust.

Es stärkt daher die Seele

Im anderen Fall des freien Verzichts blüht der ganze Mensch nach etwaigen ersten Krisen der Umstellung auf, die Haut wird meist rosig frisch, die Augen lebhaft glänzend, der ganze Körper vitaler, voll innerer Spannkraft, kurz: Es ist ein Gewinn für den Menschen. Fasten hilft uns auch Probleme zu lösen, weil unsere Gefühlsabläufe sich verlangsamen. Das macht uns kontrollierter, wir werden bewußter.

Die geistige Einstellung wirkt auf den Körper

Was bedeutet dies, was ersehen wir daraus?
Essen, Nahrung ist zwar elementar, wir brauchen sie auf lange Sicht, aber: „Es ist der Geist, der sich den Körper baut" (Goethe). Entscheidend ist unsere innere geistige Einstellung und unsere Motivation dafür, wie derselbe Vorgang auf uns wirkt.

Vielleicht haben Sie schon einmal selbst erlebt, welche unterschiedliche Wirkung Alkohol haben kann, je nachdem, ob Sie ihn in freudiger Stimmung zu sich genommen haben, oder aber in Traurigkeit, Verzweiflung, Frustration. Im ersten Fall fühlen Sie sich vielleicht am nächsten Tag noch freudig gestimmt, beschwingt, im anderen Fall erleben Sie den sprichwörtlichen Katzenjammer und fühlen sich noch schlimmer als zuvor.

I. Vom Sinn der Ernährung

Wir brauchen Energie: Energie für den Körper

Der Sinn der Ernährung liegt darin, daß wir uns Energie zuführen. Meist denken wir, daß wir uns nur mittels Essen Energie einverleiben. Aber wir können – und sollten – uns auch über die Seele und den Geist ernähren. Das tun wir z. B.

- mittels guter Musik, welche aufbauend wirkt (Rockmusik nimmt uns Energie weg, entfernt uns von uns selbst; manche Stücke klassischer Musik und besonders östliche Musik aber spenden uns Energie, indem sie uns nach innen führen, wir uns selbst näher kommen, positive Gefühlsvibrationen in uns auslösen);
- indem wir ein Bild betrachten, das uns erhebt, weil es eine gute lichtvolle Ausstrahlung hat;
- indem wir uns einfach dem Anblick von Natur und Landschaft hingeben, Stille in uns einlassen, Frieden empfinden . . .

Energie für die Seele

Unsere Seele nähren wir auch, wenn wir uns bewußt entspannen. Wenn die in unseren Muskeln zurückgehaltenen Energien wieder frei fließen, lösen sich auch unsere seelischen Blockierungen und Verkrampfungen. Der Zustand der Gelöstheit und Entspannung ist gleichzeitig der Zustand des Aufnehmens, so daß wir wieder frei und offen werden für positive äußere Kräfte und Eindrücke und so diese voll in uns aufnehmen können. Wir können uns solche Bilder aber bereits in der Entspannungsübung selbst gezielt zuführen: Indem wir uns positive, lichtvolle Vorstellungen vor unser geistiges Auge halten, wie etwa einen herrlichen Sonnenaufgang, der uns Kraft und Lebensfreude gibt. Oder einen friedvollen, beruhigenden Sonnenuntergang, der die Landschaft in ein heilendes zartes rosa Licht taucht und uns harmonisch stimmt. Wir werden mittels solcher Vorstellungen doppelt gestärkt aus der Entspannung hervorgehen, da so auch die Seele mit einbezogen wurde.

Energie für den Geist

Wir sollten aber auch unserem Geist Energie/Nahrung zuführen, indem wir z. B. gute Bücher lesen, über Zusammenhänge nachsinnen und so Erkenntnis = Licht in unser eigenes Wesen bringen.

Auf allen drei Ebenen Körper / Seele / Geist sollten wir uns also stets bewußt ernähren. Sind wir nun beim Fasten, so entziehen wir unserem Körper Nahrung; um so wichtiger wird es, daß wir nun unserer Seele und unserem Geist Nahrung zuführen.

II. Was ist Fasten?

Fasten ist Wecken der Lebenskraft

Ich möchte hier nicht so sehr über die körperlichen Auswirkungen beim Fasten sprechen, als vielmehr über den seelisch / geistigen Hintergrund, welcher den Nahrungsentzug erst zum richtigen Fasten und damit sinnvoll macht.

Das richtige Fasten ist gleichsam eine „Generalüberholung" unseres Wesens, wobei Körper, Seele und Geist betroffen sind.

Die Behandlung von Krankheiten ist auf 3 Ebenen möglich:[3]

Krankheit beginnt beim Denken

- Die Behandlung der Symptome:

  Die Bekämpfung der Symptome ist die heute übliche Weise der „Krankheit" zu begegnen. Dabei ist man bemüht, durch zahlreiche technische und medikamentöse Maßnahmen die Symptome zum Verschwinden zu bringen. Dies ist ein Eingreifen an der Oberfläche, die „krankmachende Kraft" wird dabei nicht berührt.

- Die Behandlung der Ursache:

  Beschäftigt sich mit der Erneuerung des Blutes und der Körperenergie durch Fasten und/oder Änderung der Nahrungsaufnahme, und der Änderung des „inneren Gefühlsklimas" über die Entspannung. Dazu gehören verschiedene Fastenmethoden, insbesondere die Dr. Mayr-Methode; die homöopathische und physikalische Behandlung; Entspannungstraining.

– Ursprung der Krankheit

Es geht letztlich jedoch darum, den Ursprung der Krankheit aufzufinden. Dies bedeutet einen Eingriff in unsere gesamte Lebensweise, vor allem auch eine Änderung unserer geistigen Einstellung zu uns selbst und der Welt.

Durch Selbstbestimmung, indem wir uns nach innen wenden, lernen wir die Beziehung zwischen Mensch und Umwelt, die Natur- und Lebensgesetze verstehen und vermögen so die rechte Lebensweise und damit wahre Gesundheit wiederzufinden.

Wo setzt nun das Fasten an – wo greift es ein?

Fasten setzt Kräfte frei

Im Fasten behandeln wir die **Ursache** der Krankheit. Es greift nicht nur in unser Körpergeschehen ein, auch in den Energiehaushalt – ändert damit unser inneres Gefühls- und Kräftemilieu. Ja, es kann uns letztlich sogar zum Wesentlichen, nämlich zum **Ursprung** der Krankheit führen: Da uns im Fasten vermehrt geistige Kraft zur Verfügung steht, ist es uns leichter möglich, unser eigentliches Problem, die „seelische Schwachstelle“, die uns „kränkt“, zu erkennen.

1. Fasten ist eine Methode der Reinigung [4]

Im Körper sammeln sich Giftstoffe an

Der gesunde Organismus entzieht der Nahrung Elemente, die ihm nützlich sind und versucht Stoffe, die schädlich sind, auszuscheiden. Aber nicht immer ist er in der Lage, diese Aussonderung vollständig durchzuführen, vielleicht, weil er bereits überlastet wurde, oder die Nahrung zuviele „Unreinheiten“, d. h. belastende Stoffe, enthält. Dann sammeln sich Abfallstoffe in den Därmen, Geweben und Organen an, die dann entsprechend Schaden nehmen. Aber selbst wenn die Nahrung „rein“ ist, lebensförderlich und aufbauend, hinterläßt sie bei ihrer Verbrennung Abfallstoffe, sogenannte Schlacken, so daß ein Fasten von Zeit zu Zeit angebracht ist, damit der Körper wieder gereinigt wird. Fasten ist eine Methode, die uns die Natur lehrt. Beobachten Sie Tiere: Wenn sie krank sind, verweigern sie instinktiv die Nahrung, verbergen sich irgendwo, suchen ein Kraut, das sie innerlich reinigt und werden so eher gesund.

Der Körper versucht sich selbst zu reinigen, wenn wir es nicht tun

Bestimmte Symptome, wie Fieber, tränende Augen, laufende Nase, eine ausschlagende Haut sind Zeichen der Reinigung. Weil wir uns nicht selbst reinigen, tut es der Körper für uns. Er versucht sich auf diese Weise der Giftstoffe zu entledigen.

Fasten ist eine heilsame Tugend und es wäre gut für jeden, von Zeit zu Zeit für vielleicht nur einen Tag lang zu fasten, sich an diesem Tag vermehrt einer seelisch-geistigen Aufgabe zu widmen, sich mit guter Musik und Lektüre zu verbinden, welche auch Gefühle und Gedanken läutern. Fastet man länger, sollte man dies unter ärztlicher Obhut und möglichst in den Ferien tun, wo man viel Zeit hat zum Ruhen, Spaziergänge zu machen usw., um auch die Seele am Reinigungsprozeß teilhaben zu lassen.

Bekommt man vermehrte Schmerzen beim Fasten, Kopfweh, Herzklopfen, usw., so ist das nur die Sprache der Natur, welche uns darauf aufmerksam machen möchte, daß früher oder später jene Organe erkranken werden, in welchen jetzt der Schmerz auftritt. Will man seine „Schwachstellen“, körperlicher wie seelischer Art, kennenlernen, genügt es manchmal schon, einige Tage zu fasten.

2. Fasten durchlichtet die Seele

Der Körper wirkt auf die Seele

Die körperlichen Vorgänge beim Fasten – häufig vorerst eine Steigerung körperlichen Unbehagens – lösen natürlich auch auf seelischer Ebene entsprechendes Geschehen aus: Man fühlt sich möglicherweise grundlos traurig oder gereizt, hadert mit sich und der Welt, ist vielleicht apathisch, oder aber aggressiv gestimmt.

Beim Fasten wird zwar der physische Körper energetisch minder versorgt, aber Seele und Geist erhalten vermehrt Energie. Die Kräfte, welche sonst für die Verdauung gebraucht werden, stehen uns jetzt für die „zwei oberen Ebenen“ voll zur Verfügung.

Durch die Reinigung unseres Körpers wird Lebenskraft freigesetzt – unser Getriebe läuft wieder „wie geschmiert“.

Der Körper braucht im gereinigten Zustand viel weniger Kraft dafür aufzuwenden, all der Giftstoffe Herr zu werden: Normalerweise versucht sich der Körper so zu helfen, daß er anfallende Giftstoffe möglichst rasch aus dem Kreislauf wegtransportiert, denn dort wären sie lebensbedrohlich; er versucht sie über die Nieren, die Haut etc. auszuscheiden. Gelingt dies nicht vollständig, bindet er sie in Gewebe ein (Cellulitis), in Knorpeln, lagert sie an Gelenken ab, die dann entzündet werden (Arthritis), in Organen als Steinbildungen oder sie ziehen als „rheumatische Schmerzen" durch die Gewebe.

Es gilt auch umgekehrt: Essen wir zuviel, so machen wir uns träge, stumpf, apathisch, wir werden gleichgültig und unlebendig.

Probleme lösen statt verdrängen. Verdrängen ist Abreagieren von negativer Spannung statt durch Nachdenken die Spannung zu lösen

Für ein volles Gelingen der Fastenkur ist jedoch entscheidend wichtig, daß wir die während des Fastens heraufdrängenden seelischen Energien, in Form bewußt werdender Probleme nicht wieder hinunterdrängen und abwürgen mit Hilfe anderer Mittel. Beim Fasten ist uns ja das „Kompensationsmittel Essen" nicht mehr zugänglich. So neigen wir vielleicht dazu, unsere seelischen Spannungen als Ausdruck unserer Probleme wiederum abzureagieren, jetzt vielleicht über verstärkte Bewegung. Aber auch mittels Entspannungsübungen lassen sich Probleme zudecken, wenn wir nicht nachdenken und uns mit ihnen aktiv auseinandersetzen.

Dann haben wir allerdings nur das eine Ventil (falsches Essen) durch ein anderes ersetzt und treten in Wahrheit auf der Stelle. Deshalb brauchen wir auch beim Fasten viel Muße und Ruhe zur Selbstbesinnung, um alles, was bisher zurückgedrängt wurde, mancher aufgestaute Schmerz, Groll oder persönliche Enttäuschung, zu verarbeiten und auf diese Weise die negativen Spannungen endgültig zu lösen.

3. Fasten ist eine andere Art von Ernährung

Fasten heißt die Seele nähren

Entscheidend wichtig für den Fastenerfolg ist unsere innere Einstellung dazu. Fasten heißt nicht entsagen, verzichten. Im Gegenteil: Fasten ist vor allem eine Art der Ernährung. Wenn man dem physischen

Körper Nahrung vorenthält, beginnen der seelische und geistige Körper sozusagen zu arbeiten, da im Menschen ein Prinzip lebt, das sich verteidigt, das nicht sterben will.

Fehlt nun dem Körper Nahrung, wird gleichsam ein Alarmzeichen gegeben, so daß Seele und Geist verstärkt mobil werden um das Fehlende wettzumachen. Deshalb ist gerade in der Fastenzeit die Atmosphäre, in welcher wir uns bewegen, außerordentlich wichtig. Sie soll möglichst wärmespendend sein, direkt, aber auch im übertragenen Sinne, liebevoll, licht. Denn wie nie sonst sind wir empfänglich und auch empfindlich für Eindrücke. Wir sind sensibler geworden. Da unser ganzes Wesen durch die Reinigung gleichsam „blankgeputzt" offen daliegt, wird ein jeder eintreffende Reiz viel intensiver wahrgenommen.

Fasten macht offen, wach und sensibel

Dies ist ein besonders kritischer Punkt, an welchem viele Menschen scheitern, die allein, ohne die Kontrolle und den Schutz eines ärztlich geführten Kurhauses eine Fasten- oder Diätkur durchführen wollen. Sie scheitern häufig daran, daß sie einmal der Nahrungsentzug bereits oft recht anfällig und labil macht, wozu aber noch kommt, daß sie jetzt plötzlich die „Realität" schärfer wahrnehmen, welche sie früher nur hinter dem Schleier von Abgestumpftheit erlebten. Wenn wir fasten, werden wir nun, da wir uns noch nicht auf andere Weise zu schützen lernten, besonders empfindsam in bezug auf unsere soziale Mitwelt, Partner und Freundschaften. Es wird uns vielleicht erst jetzt bewußt, daß der Partner uns in diesen oder jenen Zügen fremd ist, unser Kind nicht nach unseren Vorstellungen gerät, usw. Zuvor hatten wir diese Dinge nicht wahrhaben wollen und sie als schmerzhaft mit einem Stück Torte in unser Unterbewußtsein verbannt. Die Schmerzspannung haben wir über das Essen „abreagiert", da es immer noch einfacher scheint, uns über gewonnene Kilos und Speckfalten zu grämen, als uns selbst einzugestehen, daß wir uns in unserem Herzen tief getroffen fühlen.

Falsches Essen und Überessen machen „abgestumpft" und verschlossen

Beispiel:
Wir haben ein Problem – Unlustspannung tritt auf –

keine Lösung scheint in Sicht – wir überessen uns z. B. mit Süßigkeiten, trinken Kaffee oder Alkohol – die Unlustspannung ist „abreagiert", wie weggeblasen – unsere Gefühle sind (scheinbar) geglättet – das Problem wird nicht mehr empfunden. Negativ an diesem Ausweichmanöver ist zweierlei: Einmal werden wir durch das falsche Essen krank, und zum zweiten „reagieren" wir unsere Gefühle ab, anstatt sich ihrer bewußt zu werden, und sie dann aktiv zur Lösung unserer Probleme einzusetzen.

Deshalb ist es ganz besonders wichtig, daß wir uns beim Fasten:

Auch die Seele will Ballast abwerfen

- Oft und oft in Entspannung begeben, indem wir gezielte Entspannungsübungen machen. Wir sollten uns im gelösten Zustand vor Augen halten und lebhaft vorstellen, wie wir alles Negative aus uns ausfließen lassen, wie nicht nur unser Körper leicht wird, sondern wie wir auch seelischen Ballast abwerfen, wie wir alles Äußere loslassen, uns lösen und so gelassen werden.

Fasten braucht Selbstbesinnung

- Sollten wir im entspannten Zustand uns auf uns selbst besinnen, uns vielleicht Fragen stellen, um uns selbst „näherzukommen", wie z. B.:
  - Wie geht es mir, wie fühle ich mich wirklich in meinem Inneren?
  - Was bedrückt mich?
  - Was lastet auf mir?
  - Wo bin ich körperlich immer wieder angespannt?
  - Was macht mir Kopfschmerzen?
  - Was schnürt mir die Kehle zu?
  - Gegen wen versteife ich meinen Nacken?
  - Wogegen lehne ich mich auf, wenn ich die Schultern hochziehe?
  - Welches Kreuz trage ich auf meinem Rücken?
  - Wer verursacht mir Druck im Bauch?
  - usw.

Das Problem loslassen führt zu seiner Lösung

Indem ich, wie beim Fasten das Essen, in der Entspannung das Problem loslasse, werde ich gelassen.

Fasten klärt den Geist

III. Wann, wie oft, wie soll man fasten?

Vom psychologischen Standpunkt aus dürfen viele relativ gesunde Menschen so oft fasten, als sie dazu Lust und die dafür anfänglich nötige seelische Kraft haben; die individuelle Konstitution muß allerdings mitberücksichtigt werden: Besonders wirksam ist auch ein kurzes Fasten, vielleicht ein nicht ganz strenges, wenn Ihnen eine wichtige geistige Arbeit bevorsteht, oder es irgendein Problem zu lösen gilt, und Sie gerne klarer sehen möchten.

Als kurzes strenges Fasten eignen sich vorzüglich ein bis zwei Teetage, wo Sie einen Kräutertee mit etwas Honig zu sich nehmen (mindestens 2 Liter), ergänzt vielleicht durch Mineralwasser ohne Kohlensäure; oder etwas gelockerter für den, dem Hunger schwerfällt auszuhalten: ein bis mehrere Tage Milchdiät, ergänzt durch die altbackene Semmel (pro Tag ca. einen halben Liter und ca. zwei bis vier Semmeln zum langsamen „Kauen" der Milch); oder Sie wählen eine andere Schonkost, die stets leicht verdaulich sein soll, monoton, und vor allem nicht Gärungsprozesse begünstigt (z. B. Reistag mit Vollreis, oder nur Gofio – beschrieben in der Milden Ableitung von Dr. Rauch[5] – feingemahlener Weizen mit Milch aufgekocht und verrührt mit Ergänzungen verschiedener Art, z. B. Trockenfrüchten) usw.

Fasten beruhigt die Gefühle

Da durch das „Lassen von Nahrung" auch unsere Gefühle zur Ruhe kommen, können wir seelisch von unserer Impulsivität und alten Gewohnheiten lassen, welche uns den Blick für das Tatsächliche verstellen.

Wenn wir das verborgene Prinzip, den Sinn und die heilsame Auswirkung des „Lassens" auf allen drei Ebenen, nämlich Körper – Seele – Geist verstanden haben, fällt es uns vielleicht leichter, auch im Alltag stets das eine oder andere zu lassen. Auch eine bewußte Auswahl der Ernährung nach positiven Richtlinien ist schon ein „Lassen".

IV. Das „kleine Fasten“ täglich

Täglich etwas Enthaltung üben

Auch im arbeitsreichen Alltag können wir die Vorteile des Fastens, der beschränkten Nahrungsenthaltung, „im Kleinen“ für uns nutzen. Wir tun das, indem wir eine bewußte Auswahl aus dem Angebot an Nahrung treffen. Dies kommt uns besonders auch im seelischen Bereich zugute als ein „Mehr“ an Freude, Erlebnisfähigkeit, Aktivität; wir werden jünger im besten Sinne des Wortes, nämlich innerlich, d. h. wir empfinden Dinge und Menschen plötzlich neu, entdecken bisher unbekannte Züge an unseren vertrautesten Freunden usw. Wie wir im Fasten das „Lassen“ auf materieller Ebene üben, üben wir es in der Entspannung im seelischen Bereich. Auch hier erhalten wir als Gewinn die innere seelische Regenerierung.

V. Gefahren beim Fasten

Die Einstellung ist wesentlich

Ich möchte mich hier nur auf die seelischen Gefahren beziehen, welche „Fasten“ mit sich bringt. Seelisch birgt das Fasten vor allem dann eine Gefahr, wenn wir nicht die rechte Einstellung dazu gefunden haben, d. h. im Innersten gegen den selbst auferlegten Nahrungsentzug doch revoltieren, oder vielleicht so unsere Eßlust reizen, indem wir häufig an Essen denken, Nahrungsmittel uns genüßlich ausmalen, oder uns vorstellen, wann wir uns endlich all die verbotenen wahren Genüsse wieder zuführen dürfen.

Dann stürzen wir uns nach der Fastenkur wie ein „ausgehungerter Wolf“ wieder ins alte Geschehen und haben nichts, gar nichts dazugelernt. Dies ist auch die große Gefahr beim selbständigen Fasten zuhause, daß man sich von Diät zu Diät quälend mit Heißhungeranfällen dazwischen in einem wahren Teufelskreis von Abnehmen und Zunehmen verfängt, aus welchem sehr schwer zu entkommen ist.

Die Lösung wäre eine energiereiche, leichtverdauliche, ausgewogene Ernährung. Dadurch wird der Stoffwechsel in Schwung gehalten, man erhält viel Kraft und kann daher auch dauerhaft durchhalten.

Letztendlich sollten wir die Freiheit erreichen, daß unsere Instinkte wieder intakt sind, und so die Lust am Essen nicht größer ist, als unserem Körper optimal gut tut.

Fasten ist Neubeginn

Wir sollten die Periode des Fastens vor allem auch dazu nutzen, nicht nur Altes loszulassen, sondern neue, schöne Seiten des Lebens entdecken; wir sollten Pläne schmieden, wie und womit wir uns im Alltag mehr Freude = Energie zuführen, so daß wir ein wenig mehr Freiheit gegenüber den ungesunden Lieblingsspeisen erringen, von denen wir meinen, nicht lassen zu können und die uns vielleicht nur schaden, letztlich Lebensfreude nehmen.

Zusammenfassung

Die Natur selbst ist unser bester Lehrmeister. Sie lehrt uns, daß, wenn wir das eine lassen, wir immer ein anderes gewinnen; in unserem Falle heißt das, wenn wir das Essen beim Fasten lassen, gewinnen wir Gesundheit, Kraft, Freude, Freiheit und geistige Klarheit.

Dasselbe Prinzip vollzieht sich auf einer „höheren Ebene“ bei der Entspannung: wenn wir uns von der äußeren Welt lösen, gewinnen wir unsere innere Welt, unsere Seele, finden zu unserem eigenen Wesen zurück!

GESUNDHEIT – KRANKHEIT. BEIDES LIEGT IN UNSEREN HÄNDEN

INHALT

Wir selbst sind verantwortlich für unsere Gesundheit

> „Auf die Füße kommt unsere Welt erst wieder, wenn sie sich beibringen läßt, daß ihr Heil nicht in Maßnahmen, sondern in neuen Gesinnungen besteht.“
>
> (Albert Schweizer)

Arbeit an sich selbst ändert die Umstände

In diesem Vortrag möchte ich Ihnen gerne einen kleinen Einblick dahingehend geben, wie eng der Zusammenhang zwischen Körper, Seele und Geist ist, und darauf hinweisen, wie und inwiefern wir selbst verantwortlich für unseren Gesundheitszustand sind! Es mag zwar einerseits vielleicht als Belastung empfunden werden, wenn man den Zeigefinger auf sich selbst richten muß und letztlich nur auf sich selbst; andererseits ist dies aber auch der Ursprung einer tiefen und, so wie ich meine, berechtigten Hoffnung, selbst zu seiner Gesundheit, zu einem guten Leben beitragen zu können, selbst etwas tun zu können!

Gewiß, wir alle kommen schon infolge angeborener Konstitution, wohl der körperliche Teil unserer Erbsünde, mit diesen oder jenen organischen und auch Charakterschwächen auf diese Erde. Auch sind wir oft krankmachenden Umwelteinflüssen ausgesetzt (Luftverschmutzung, Giftmülldeponien, etc.), die wir uns zwar auch selbst schaffen, wogegen aber der Einzelne oft machtlos ist. Dennoch liegt es, so meine ich, letztendlich an uns, was wir trotz aller Vorbedingungen aus uns selbst machen. Wo Sie dabei mit Ihrer Eigenarbeit, der Arbeit an sich selbst ansetzen können, das möchte ich Ihnen gerne aufzeigen.

I. Was ist Gesundheit?

Gesundheit ist Lebensfreude

Unsere Einstellung macht uns gesund oder krank

Die Weltgesundheitsorganisation definiert den Begriff der Gesundheit als einen Zustand vollkommenen körperlichen, seelischen und sozialen Wohlbefindens. Die Biologie definiert Gesundheit im allgemeinen als die richtige Anpassung des Menschen an seine äußeren Lebensbedingungen, denen er unterworfen ist. Diese Bestimmungen lassen uns insofern unzufrieden, als sie sehr vage sind und inhaltlich wenig aussagen. Doch können wir täglich an uns selbst erfahren, daß Gesundheit nicht so sehr von äußeren Umständen, als vielmehr von unserer seelisch/geistigen Einstellung abhängig ist.

Warum ist ein Mensch krank? Überfällt uns eine Krankheit von einem Augenblick zum anderen, oder entwickelt sie sich nicht vielmehr lange bevor das äußere Symptom sichtbar wird? Vielleicht klärt sich der Begriff eher, wenn wir nach dem Wesen von Gesundheit fragen: Krankheiten werden von der überkommenen Medizin üblicherweise auf irgendwelche äußeren oder körperlichen Ursachen zurückgeführt und insoweit bekämpft. Gelingt es, das Krankheitssymptom zum Verschwinden zu bringen, dann wird der Mensch als geheilt, als wieder gesund erklärt. Die Erkenntnis, daß diese sehr oberflächliche Betrachtung von Krankheit den Kern der Dinge nicht treffen kann, gewinnt immer mehr an Boden. Wir erleben es: so und sooft führt das Austreiben eines bestimmten Krankheitssymptoms durch entsprechende medikamentöse Behandlung in Kürze zum Auftreten eines neuen Krankheitssymptoms an anderer Stelle. Dies wiederholt sich oft über Jahre hinweg bis der Kranke stirbt. Die häufige Symptomverschiebung wird oft nur deshalb in ihrem wahren Wesen nicht erkannt, weil im Zeitalter des medizinischen Spezialistentums eben immer wieder ein anderer Facharzt bemüht wird. Der Mensch als ein Ganzes, als Quelle der verschiedenen Fälle, bleibt meist unbeachtet im Hintergrund pharmazeutischen und technischen Geschehens.

Das Symptom ist nur der sichtbare Ausdruck der eigentlichen „Störung“

Wie können wir mit praktischen Hinweisen den Zustand der Gesundheit definieren?

<u>Dazu gehören unter anderem folgende Bedingungen:</u>[6]

– Wir dürften nie chronisch müde sein: An alle Schwierigkeiten sollten wir uns durch energischen Wunsch nach Bewältigung anpassen. Nach kurzer Ruhe und nächtlichem Schlaf sollten wir wieder erholt sein

– wir sollten stets ein gesundes Verlangen haben nach allem, was uns begegnet: Nahrung, Sexualität, Tätigkeit, Wissen, Erfahrung, Gesundheit, Freiheit, Glück, etc. Geschwächtes Verlangen ist ein Krankheitszeichen. Um ein starkes Verlangen aufrecht zu erhalten, sollten wir Übersättigung vermeiden. Übersättigung vermindert die Lebensaktivität. Was wir aufnehmen, sollten wir weitergeben
– im seelischen Gleichgewicht sein: Eine Umschaltung von Aktivität auf Ruhe in unserem vegetativen Nervensystem sollte für Erholungspausen mühelos erreichbar sein
– guter Schlaf ohne Alpträume
– ein gutes Gedächtnis ist die Grundlage allen Urteilsvermögens für die Bewältigung neuer Situationen
– auf Dauer sollten wir keine negativen Gefühle hegen, sie vor allem aber nicht verdrängen. Diese wirken sich über das sympathische Nervensystem sofort auf unser Immunsystem aus und begünstigen Krankheiten
– wir sollten eine aktive und produktive Einstellung finden zu allen Lebenssituationen
– alles dankbar annehmen, was uns begegnet. Auch bei körperlicher Krankheit erkennen wir, daß letztlich die Ursache aus uns selbst kommt und sind dankbar für den Lernprozeß
– u. a.

II. Wie entsteht Krankheit?

Krankheit drückt sich durch den Körper aus

Zuerst die medizinische Seite: Krankheit bedeutet stets einen Mangel an Energie. Krankheit kann nur in einem geschwächten Organismus auftreten; anders ausgedrückt: Es ist der Mangel an Energie, welcher der beste Nährboden für Krankheit ist (Übersäuerung des Körpers)!

Krankheit mahnt mit immer stärkeren Mitteln, wenn wir ihre Botschaft mißachten

Bei der Entstehung von Krankheiten unterscheiden wir 10 verschiedene Stadien:[7]

1 – 3 verläuft völlig unbeachtet

4 – 6 in überfüllten Ärztezimmern
7 – 10 im Krankenhaus

1. Stadium:

   Eine natürliche Ermüdung, die leicht durch genügende Erholung saniert werden kann

2. Stadium:

   Wir erleben einen vegetativen Reizzustand der Übersäuerung
   - Gähnen
   - Frieren / Untertemperatur
   - Muskelzuckungen
   - Knacken in den Gelenken
   - Symptome von Gefäßlabilität, Weißwerden der Finger, fliegende ansteigende Rötungen
   - Nieskrampf
   - Schlafstörungen
   - morgendliches Einschlafen der Gliedmaßen oder Kribbeln an Fingern und Zehen
   - plötzliche Durchfälle
   - vermehrte Angst- und Alpträume

Besonders die Schlafstörung sollte beachtet werden, man ist zwar todmüde, aber das Einschlafen will nicht gelingen. Falsch wäre es, daraus zu schließen, daß man noch nicht müde genug sei und weiterarbeiten könne. Richtig ist, sich doch hinzulegen, denn allein die Ruhelage löst schon Regenerierungsvorgänge aus.

Läßt man diese Anzeichen unbeachtet, kommt es zum

3. Stadium:
   - Ständige Schlaflosigkeit
   - ständige Müdigkeit, leichte Erschöpfbarkeit
   - rheumatische Erscheinungen
   - Neigung zu Erkältung, Infektion, Entzündung
   - Nervosität, Reizbarkeit, Depression
   - Angina
   - Extrasystolen (unregelmäßiger, plötzlich heftiger Herzschlag)
   - Empfindlichkeit gegenüber Alkohol, Nikotin, Kälte, Nässe, . . .

– Schwindel, Kopfschmerz, Haarausfall, schlechtes Aussehen
– Stuhlverstopfung

Im Gegensatz zum 2. Stadium, das voll rückgängig zu machen ist, ist dieses schon die Krankheit mit ihrer Übersäuerung. Zwar auch noch rückbildungsfähig, aber bereits das letzte Stadium vor der Organkrankheit.

4. Stadium:

– Allergien
– Rheuma
– Magen / Darm
– Nieren
– usw.

Diese Störungen des Organismus sind bereits irreversibel, es besteht ein bleibender Defekt, welcher erfordert, daß wir uns darauf mit gebührender Rücksicht einstellen, um die Kontrolle darüber zu behalten!

Das nächste Stadium sind die bekannten schweren Organkrankheiten wie Herz / Kreislauferkrankungen usw.

Das war die medizinische Seite im Überblick!

Gefühle steuern den Körper

Doch sind ja bekanntlich Körper und Seele nur 2 Seiten derselben Einheit. Wir könnten uns vielleicht fragen: Warum werden die einen Menschen so leicht Opfer der allgegenwärtigen Krankheitserreger (Infekte, Bakterien, Viren, etc.) und die anderen nicht? Natürlich sind diese Erreger die äußere Ursache der Erkrankung! Doch gelingt es den gleichen Erregern bei anderen Menschen in derselben Umgebung nicht anzukommen! Es ist eine altbekannte Tatsache, daß etwa die Angst vor einer Grippeansteckung eben diese schon fast bewirkt (oft trotz Schutzimpfung)! Denn die Angst in der Seele ist der ideale Nährboden für die Erregerkultur im Körper!

Gefühle bestimmen die Immunlage

In diesem Geschehen nämlich ist die seelisch / körperliche Nahtstelle das Immunsystem! Und die Immunlage eines Menschen ist stark von der Affektlage abhängig! Der Übergang von einer seelischen

Verstimmtheit zu einer funktionellen Organstörung und späteren Erkrankung eines Organs ist dabei ein kontinuierlicher!

Kranksein ist ein Gedankenfehler

Wenn wir erkennen, daß alle Dinge einen seelisch / geistigen Ursprung haben, dürfen wir davon ausgehen, daß auch aller Krankheit letztendlich ein seelisch, geistiger Ursprung zugrundeliegt! Wir wissen heute, daß ein Gedanke, zumindest, wenn er ein Gefühl anspricht, im ganzen Körper wirkt! Wenn ein Mensch erregt ist, so ändert sich z. B. die Muskelspannung, die Schnelligkeit seines Herzschlages, der Blutdruck, etc.

Übermäßige Erregung führt zu Überspannung oder Unterspannung

Nicht jede Erregung bzw. Spannung schadet uns. Im Gegenteil, wir benötigen Erregungsfähigkeit und Spannkraft notwendig zum Leben und Überleben! Nur das Übermaß ist schlecht, also die Überspannung bzw. die Unterspannung, insbesondere, wenn diese chronisch geworden sind! Beides sind Entgleisungen des Organismus aus seiner Gleichgewichtslage als Antwort auf Streß! Jede starke Gefühlsregung versetzt unseren Körper entweder in einen Zustand der Alarmbereitschaft und Höchstleistung, der alle Kräfte mobilisiert und einen enormen Energieverlust bedeutet (sympathikotoner Typ); oder eine heftige Gefühlserregung führt zu einer Unterspannung, einer Drosselung aller Lebensfunktionen, einem Zustand von Schwäche und Depression, wo der Organismus gleichsam „im Schongang fährt" (vagotoner Typ). Sympathikoton / Vagoton bezieht sich auf unser Nervensystem in seiner doppelten Funktion. Je nach Typ neigt ein Mensch entweder mehr dazu im Sympathikus erregten Zustand zu sein oder im vagoten Zustand. Dementsprechend ist seine Konstitution und sein Verhalten und Empfinden.

Das Symptom ist Ausdruck der Seele

Nicht bewältigte Gefühle führen so zur körperlichen Funktionsstörung und bilden letztendlich dann Krankheitssymptome. Wobei das äußere Erscheinungsbild der Krankheit, also das Symptom, charakteristisch ist für die Art der seelischen Fehlhaltung! So läßt sich häufig schon am Erscheinungsbild der Krankheit deutlich ablesen, wo das seelische Problem liegt: Es kann z. B. jemand etwas nicht schlucken,

Schlaf braucht Vertrauen

ein Erlebnis nicht verdauen; sich bei Schlaflosigkeit nicht überlassen, hingeben, die Kontrolle aufgeben, er muß ängstlich wachsam bleiben; der Rücken lehnt sich in Form von Schmerzen gegen eine Belastung auf, usw.

Krankheit wird begünstigt durch Angst

Die häufigsten seelischen Auslöser von organischen Funktionsstörungen sind: Aufregung, Depression, letztendlich die Angst.

III. Krankheit aus psychologischer Sicht

Krankheitsdiagnose erfordert das Sehen der äußeren und inneren Lebensbedingungen

Von psychologischer Sicht aus werden wir nicht dabei stehen bleiben und uns nicht damit begnügen, die Ursachen einer Erkrankung vielleicht in einer Organschwäche, vielleicht sogar ererbt, zu befinden. Vielmehr werden wir eine Erkrankung im Gesamtzusammenhang aller Bedingungen sehen, in welchen der betreffende Mensch lebt, und sein Symptom nur als das letzte körperlich gewordene Glied einer langen Kette erkennen, welche in der seelisch/geistigen Lebenshaltung des Menschen beginnt. Denn immer sind erst unsere Gefühle beleidigt – dann werden wir krank. Auch wenn wir uns dessen eben oft nicht bewußt sind – das ist ja das Dilemma – deshalb brauchen wir ja die Krankheit!

Selbstverständlich gibt es auch Störungen des Organismus aufgrund von einwirkenden Umweltfaktoren z. B. Radioaktivität, Umweltverschmutzung etc., und es gibt auch die angeborene Organschwäche, so kann im Embryo bereits eine Verdauungsschwäche feststehen. Doch indem der Mensch heranwächst, „Individuum“ wird, der Geist mehr und mehr „das Steuer übernimmt“, muß er auch erkennen lernen, welche Gefühle mit dieser angeborenen Organschwäche korrespondieren und diese in den Griff bekommen, die Verantwortung dafür auf sich nehmen, will er seine Krankheit überwinden.

Krankheit kommt von innen! Krankheit beginnt beim Denken!

Beispiel: Ein Mensch überarbeitet sich, er holt sich eine Grippe. Auf diese Weise zwingt der Körper den Menschen endlich in die Ruhelage, die ihm dieser ohne die Grippe nicht gewährt hätte! Sie alle kennen Menschen, die erst krank werden müssen, ehe sie sich Zeit für sich selbst nehmen!

Oder: Im Falle der Schlaflosigkeit schlägt der Körper Alarm, weil es ein „gefährliches Problem" gibt, welches erst bewältigt werden muß, ehe der Mensch sich ruhen läßt!

Funktionale Abläufe besitzen in sich selbst niemals Sinnhaftigkeit. Denn was ist das schon für eine Erklärung, wenn jemand Schmerzen an seiner rechten Seite in etwa unter dem Rippenbogen aufweist und „gefunden" und befundet wird: Es ist die Leber, welche die Entgiftung nicht mehr schafft! Das nähere Warum und Weshalb wird dabei höchstens noch innerhalb organisch-körperlichen Geschehens erläutert.

Die Bedeutung der Krankheit erkennen

Doch der Sinn eines Ereignisses ergibt sich erst aus der Deutung, die uns die Bedeutung erfahrbar werden läßt.[8]

Damit ist natürlich das Gebiet der „wissenschaftlichen Schulmedizin" längst verlassen, denn diese beschränkt sich ja auf die funktionale Ebene.

Krankheit will uns etwas mitteilen

Aus psychologischer Sichtweise läßt sich Krankheit also so sehen, daß sie Ausdruck einer entsprechenden Information ist, uns etwas sagen will. Sie ist gleichsam nur der konsequente Ausdruck einer seelisch / geistigen Fehlhaltung sich selbst, dem Leben, der Umwelt gegenüber. Selbstverständlich gibt es auch die belastenden Einflüsse vonseiten der Umwelt, die wir uns letztendlich auch selbst schaffen, und welchen wir dann ausgesetzt sind: Umweltverschmutzung, Strahlenbelastung, Nahrungsmittelgifte, etc.

Manifestiert sich im Körper eines Menschen ein Symptom, so zieht dies die Aufmerksamkeit auf sich und unterbricht dadurch oft jäh die bisherige Kontinuität des Lebensweges. Dies ist ja gerade seine Absicht! Ein Symptom ist ein Signal, das Aufmerksamkeit, Interesse und Energie auf sich lenkt: Es erzwingt von uns Beachtung, ob wir wollen oder nicht. Es will uns sagen, daß etwas in unserem Leben in

Unordnung geraten ist, aus der Harmonie und dem Zusammenspiel gefallen ist, als welche wir den Zustand der Gesundheit bezeichnen.

Krankheit will uns helfen „heiler" zu werden

Wenn wir unsere Krankheit und Symptome so sehen, werden wir auch aufhören, sie erbittert zu bekämpfen, ja möglichst schnell auszulöschen, weghaben zu wollen. Wir werden sie vielmehr als einen Freund betrachten, welcher uns helfen und darauf hinweisen will, daß wir entweder an unseren äußeren Umständen oder inneren Einstellungen etwas ändern müssen.

Wir werden dann auch erkennen können, daß eine jede Krankheit vor allem eines von uns will: Daß wir nachdenken!

Damit meine ich nun nicht ein grüblerisches depressives Sichhineinsteigern: Warum werde ich gerade damit bestraft, warum muß gerade mich das treffen, wo ich doch . . . usw. Vielmehr meine ich ein gleichsam wohlwollendes, nüchternes Selbstbesinnen auf die eigenen Gefühle und die eigene Wahrheit, wobei ich mir z. B. solche Fragen stellen kann: Gegen wen ist meine Krankheit gerichtet? D. h. wir dürfen von psychologischer Seite aus betrachtet stets annehmen, daß unser Kranksein einer aggressiven Energie entspricht, die sich nicht ausdrücken kann, durfte, welcher wir uns nicht bewußt sind und die sich jetzt gegen uns selbst richtet!

Oder anders: Welchen Gewinn ziehe ich aus meiner Krankheit? Was erreiche ich durch meine Krankheit, das ich sonst glaube, nicht zu bekommen, mir nicht erwerben zu können?

Oder: Was will mir mein Symptom sagen, wenn es sprechen könnte?

Die Sprache der Symptome ist „naiv"

Um nur einige Beispiele zu nennen, wie wir unsere Krankheit betrachten können:

- Herz / Kreislauf: Der Gefühlsbereich ist gestört, buchstäblich der Kreislauf des ganzen Menschen ist aus der Ordnung gefallen
- Knieinsuffizienz: Wir können uns nicht beugen, demütig sein, wir werden in die Knie gezwungen

- Augen: Wir sollen Einsicht üben: Die Wahrheit liegt in uns, nicht außen
- Dickdarm: Aufregung, Angst, nicht loslassen wollen
- Blase: In der Blase lassen wir Druck los, den wir angestaut haben und meinen, auf andere Weise nicht lösen zu dürfen
- Galle: Ärger, Aggression
- Arme: Festhalten wollen
- Knochen: Zu sehr haften an Normen, Regeln, Geboten
- Niere: Partnerschaftsprobleme
- Ohr: Wir sollen Gehorsam üben
- usw.

Dies sind Interpretationen, die selbstverständlich stets im Gesamtzusammenhang der Persönlichkeit gesehen werden müssen. Um die Sprache der Symptome zu verstehen, brauchen wir nur ihren unmittelbaren Ausdruck zu betrachten: Welche Körperstelle, welches Organ ist betroffen und was ist dessen Aufgabe im Körpergeschehen. Auf diese Weise erkennen wir auch das „geistige" Prinzip, welches wir verletzt haben. Unsere Symptome haben uns mehr und Wichtigeres zu sagen als unsere Mitmenschen, denn sie sind intimere Partner und sind die Einzigen, die uns wirklich kennen. Wir dürfen aber nicht den Umkehrschluß ziehen: Bei dem, der kein Symptom aufweist, ist notwendig alles in Ordnung! Denn:

Kein Symptom haben ist nicht gleich gesund sein

1. Ist das Symptom nur das allerletzte Stadium einer Fehlhaltung – die lange vorher bestehen mag.
2. Muß man stets auch das Wechselspiel zur Umwelt mitbeachten, und den / die jeweiligen Partner betrachten. Vielleicht gibt der „Symptomlose" all seine negative Energie, anstatt sie aufzuarbeiten, an seine Umgebung ab!

   Und diese hat dann das Symptom!

Durch das Symptom entsteht allerdings eine Ehrlichkeit, die nicht ganz leicht zu ertragen ist. Unser bester Freund würde es niemals wagen, uns unsere Wahrheit so ungeschminkt ins Gesicht zu sagen. Deshalb haben wir auch die Sprache der Symptome verlernt, denn unehrlich lebt es sich angenehmer – vermeintlich! Hier liegt auch der Unterschied zwischen Krankheit bekämpfen und Krankheit überwachsen. Heilung besteht aus einer überwachsenen Krankheit und niemals aus einem besiegten Symptom, denn Heilung setzt bereits vom sprachlichen Verständnis voraus, daß der Mensch heiler, d. h. ganzer, vollkommener geworden ist. Sie ist also ohne Angliederung eines Fehlenden und somit ohne Bewußtseinserweiterung nicht möglich.

Medizinisches Handeln ist eine Notmaßnahme

Medizinisches Handeln beschränkt sich auf rein funktionale Maßnahmen, und als solche sind sie weder gut noch schlecht, sondern mögliche Interventionen auf materieller Ebene.

Selbstverständlich dürfen wir sie nicht verteufeln, denn sie haben ihr Gutes als Notmaßnahmen in vielerlei Hinsicht; stellen wir uns z. B. vor, wir haben irgendeine akute Erkrankung, oder bräuchten irgendeinen chirurgischen Eingriff, hier ist die Medizin mit all ihren Möglichkeiten eine große Hilfe. Das Problem liegt aber darin, wie weit man bereit ist, zu erkennen, daß ein nur funktionales Vorgehen, keine endgültige Heilung bringen kann. Das heißt, wir sollten uns bewußt werden dahingehend, was seelisch hinter unserem „Kranksein" steht, damit wir nicht den Anruf unserer Krankheit an uns unbeachtet verstreichen lassen.

Zusammenfassung:

Krankheiten entstehen meist lange, ehe das Symptom in Erscheinung tritt. Ihr Ursprung ist seelisch / geistiger Natur, ist „Streß" im weitesten Sinne des Wortes: Aufregung der Gefühle.

Die „körperliche Basis" unserer Gefühle ist das autonome oder vegetative Nervensystem, welches über die entsprechende Hormonausschüttung unsere Immunlage beeinflußt.

Kurz: Sind wir oft aufgeregt, in Angst, Depression, usw., so begünstigt dies, daß wir krank werden. Das Symptom ist dann jeweils charakteristisch für das zugrundeliegende Geschehen.

Was können wir tun:

Das wesentlichste Mittel um das körperlich/seelisch/geistige Gleichgewicht zu bewahren, wäre für den annähernd gesunden Menschen, zumindest theoretisch, recht einfach, es heißt:

Sich Zeit nehmen, alles bewußt tun, Selbstbesinnung üben, sich immer wieder in die Stille zurückziehen um sich in der Ruhe von der Fremdbestimmung zu lösen und den Eigenrhythmus, sich selber, wiederzufinden. Zu erkennen und anzuerkennen, daß ein jeder Mensch seine eigene Lebenskraft und seinen Lebenssinn finden muß.

Nur: Für die meisten von uns wird dies allerdings in unserer „streßgeplagten, umweltverschmutzten Zeit" nicht genügen! Wir benötigen dazu Werkzeuge und Hilfen:

Um positive Veränderungen zu bewirken, können wir auf körperlicher, seelischer und geistiger Ebene ansetzen.

– Den Körper ordnen:

Der Körper braucht Kraft

Eine gesunde aufbauende Ernährung, die auch den klimatischen Zonen und übrigen jeweiligen Umweltbedingungen entspricht, ist die beste körperliche Grundlage für Gesundheit. Denn wenn der Körper „das Seine" nicht bekommt, um voll funktionstüchtig zu bleiben, holt er sich die Energien von der Seele. Und umgekehrt: Sind wir seelisch bekümmert, wird auch unser Körper in Mitleidenschaft gezogen. Wir werden dabei darauf achten:

Wie wir essen

- in Ruhe
- gründlich kauen

was wir essen

- leicht verdauliche Kost
- energiereiche Kost (Vollwerternährung)
- Säuren / Basen – Gleichgewicht

wann wir essen

- viel am Morgen
- weniger am Mittag
- am wenigsten am Abend.

Vollkorn- bzw. Vollwertprodukte sind hervorzuheben als die beste Basis gesunder Ernährung, sie sind einzigartig, sie geben uns viel Energie und machen uns seelisch ausgeglichen.

– Die Seele / Gefühle ordnen:

Die Seele braucht Ruhe

Wir tun dies, indem wir uns über gezielte Entspannungsübungen eine gelassene Einstellung zu allen Dingen „erüben", so daß uns immer weniger in Aufregung versetzen kann; sollten uns dennoch einmal die Gefühle überlaufen, werden wir uns mittels einer Entspannungsübung rasch wieder auf den „Gefühlsnullpunkt", ins seelische Gleichgewicht bringen!

Denn vergessen Sie nicht: Mit Erregung und Nichtbewältigung von Gefühlen beginnt die Krankheit! Durch die wiederholte Gefühlsberuhigung verschleudern wir auch nicht unnötig unsere Energien nach außen, sondern tragen sie in uns als gesammelte Kraft! Alle Tätigkeiten werden wir so gezielt und unter minimalem Energieaufwand verrichten.

– Das Denken ordnen:

Der Geist braucht Besinnung

Wie Körper und Seele, sollten wir auch unsere Gedanken ordnen: Wenn wir einen Konflikt in uns spüren, werden wir uns Zeit nehmen, darüber nachzudenken, uns „unserer selbst bewußt werden". Können wir ihn nicht durch eine Entscheidung augenblicklich lösen, so lernen wir gelassen mit ihm zu leben. Durch wiederholte Einsicht in uns selbst gelangen wir zu unserer „inneren Wahrheit", um dann auch andere Menschen besser zu verstehen!

Auch zu Selbsteinsicht und Selbstbesinnung benötigen wir mitunter die Unterstützung eines Entspannungstrainings, denn nur im entspannten Zustand ist unser Unterbewußtsein geöffnet und unsere tiefsten Gefühle und Gedanken können nach oben steigen, ins Bewußtsein treten.

Ich möchte gerne mit einem bezeichnenden Wort von Platon den Vortrag beenden: Platon schon war kompromißlos: „Wenn einer einem kranken Menschen, der gesundheitswidrig lebt, zu raten hat, was darf er anders tun, als zuerst dessen Lebenshaltung zu ändern, und dann erst, wenn jener ihm darin gehorchen will, ihm weitere Anweisungen geben. Will er aber nicht gehorchen, so werde ich nur den Arzt, der auf weitere Behandlung verzichtet, als wahren Arzt und als rechten Menschen bezeichnen, und dafür den, der sich das bieten läßt, als schwachen Menschen und schlechten Arzt".

GESUND AUS INNERER KRAFT

INHALT

Gesund aus innerer Kraft

Cousins fragte einmal Albert Schweitzer, wie er es sich erklären könne, daß überhaupt jemand nach der Behandlung durch einen afrikanischen Medizinmann hoffen könne, gesund zu werden. Schweitzer antwortete: „Sie möchten, daß ich Ihnen ein Geheimnis enthülle, das die Ärzte schon seit Hippokrates mit sich herumtragen. Aber ich will es Ihnen trotzdem verraten. Der Medizinmann hat aus dem gleichen Grund Erfolg wie wir auch. Alle Patienten tragen ihren Arzt in sich."

Verantwortung für die Gesundheit übernehmen

Der Arzt in uns selbst ist aber nichts anderes als die Kraft unserer Gedanken, die Art und Weise, wie wir Krankheit sehen und selbst dafür die Verantwortung übernehmen.

Es ist uns heute im Zeitalter der Technik und Machbarkeit vollkommen das Bewußtsein verloren gegangen, daß wir selbst es sind, die über unsere Gesundheit bestimmen.

Gerade dieses Thema „Gesund aus innerer Kraft" liegt mir so sehr am Herzen, da es vielleicht zu keiner Zeit so wichtig war wie heute darüber nachzudenken, wie wir unsere Gesundheit bewahren, bzw. gesund werden können und wie wir mit positiver Kraft unser Leben aktiv, d. h. selbst bestimmt gestalten, uns selbst führen und leiten.

Warum ist das gerade heute so besonders wichtig?

I. Die heutigen Lebensbedingungen

1. Dichte, Mobilität, Information führen zu Reizüberflutung

Dichte

Wir bewegen uns heute in einem Lebensklima, das grundverschieden ist von dem vor etwa 80 Jahren. Aufgrund der Bevölkerungsexplosion leben wir in solcher Dichte wie noch nie. Diese Dichte allein bringt schon eine Unmenge von Reizen mit sich, denen unser Nervensystem täglich ausgesetzt ist.

Denken Sie z. B. an New York. Wer einmal dort war, hat kennengelernt, welche auffälligen Menschenerscheinungen diese Dichte mit sich bringt, aus der kein Entkommen ist. Die Menschen kleiden sich z. B. betont auffallend, sind oft nervös und überreizt oder abgestumpft apathisch. Ein anderes Beispiel aus der Verhaltensforschung bei Tieren: Sperrt man Ratten auf zu engen Raum, fressen sie einander auf, werden kämpferisch, aggressiv oder depressiv, bekommen keine Jungen mehr oder fressen auch diese auf. Mit anderen Worten: Zu große Dichte bzw. zu viele Umweltreize bringen sinnvolles Verhalten zum Entgleisen.

Mobilität

Zudem kommt noch unsere Entwurzelung: Aufgrund unzähliger Reisemöglichkeiten, Ortsveränderungen, Verlegung von Wohnsitz und dgl. haben wir leicht den festen Grund unter unseren Füßen verloren – der stets mit einer gewissen Selbstsicherheit einhergeht.

Information

Die Medien bringen uns soviel an Information und fremdem Kulturgut, daß wir auch da die Dogmen von Tradition und Kirche großteils als Halt verloren haben. So wie der Mensch früher gleichsam wie auf Schienen fuhr – seine Möglichkeiten waren gering, sein Handlungsspielraum klein – so fühlte er sich sicherer.

Das Innere stärken

Heute kann nur der überleben, der sich ständig flexibel auf immer neue Umstände einstellt, ohne sich dabei aber selbst zu verlieren. Und genau darum geht es mir in diesem Vortrag: Was kann der Einzelne heute tun, um nicht gleichsam von der Umwelt aufgesogen zu werden, was kann er tun, daß seine innere Kraft größer ist als die äußere Kraft, der Druck der Umwelt? Denn jede Krankheit, ein jedes Problem besteht ja darin, daß eben das Äußere, die Umwelt stärker war als das Innere, der eigene Körper, das Wesen. Der Druck, den wir spüren, den wir nicht verarbeiten oder aushalten können, der macht uns krank. Doch dem können wir etwas entgegenhalten: Wir müssen gleichsam „schneller laufen als der Stiefel . . .“, also arbeiten an uns selbst, um unser Inneres stark zu machen. Gerade für den beeindruckbaren sensiblen Menschen ist es eine unabdingbare

Notwendigkeit täglich an sich selbst zu arbeiten, um im rechten inneren Gleichgewicht zu bleiben, die Voraussetzung für Gesundheit. Denn Krankheit beginnt meist mit Gefühlen, die uns kränken, die uns überwältigen, die wir nicht in Kontrolle haben, die uns bewegen und die wir nicht mehr beruhigen können: Deren Energie schlägt sich letztlich auf unsere Organe nieder. Der Volksmund sagt es direkt: „Es läuft mir etwas über die Leber", „es geht mir an die Nieren", „kann etwas nicht verdauen", usw.

Intellekt, Technik, Strategie, Form sind weit entwickelt

Aber es gibt nicht nur den individuellen, persönlichen Grund dafür, daß wir uns heute mehr denn je mit Denkabläufen und psychologischen Gesetzmäßigkeiten befassen sollten: Es gibt auch einen kollektiven Grund, wobei es letztendlich um das Überleben selbst geht: Denken Sie bitte nur kurz daran, daß es doch eigentlich ein interessantes „Phänomen" ist, daß unsere gesamte Politik zu einer Theorie und Praxis von Machtstrategien verkommen ist.[9] Anstatt die ganze Kraft dafür zu verwenden, die eigene Beziehung zu den jeweiligen Feinden zu verbessern, denken sich Politiker immer neue, immer perfektere Kriegspläne aus zur physischen und psychischen Vernichtung der Feinde. Ein Gremium, das mitmenschliche Beziehungen auf ein solches Niveau nur des strategischen Umganges miteinander bringt, kann auch nach außen keine wirksame Friedenspolitik leisten. Das kommt daher, daß wir uns im Technischen zwar weit entwickelt haben, Naturgesetze gut erfassen, aber die psychologischen Gesetze unserer zwischenmenschlichen Beziehungen total vernachlässigen, ja überhaupt nicht das Augenmerk darauf richten, auf welche Weise wir wirklich heil bleiben.

Seele, Geist, Einsicht, Verständnis verkümmern

2. „Reizüberflutung" auch auf dem Sektor der Ernährung

Ernährung muß zum Klima passen

Früher war der Mensch verwurzelt in einer **klimatischen Zone,** dort wuchs er auf, eingebettet in die entsprechende Tradition und versorgt mit den **Lebensmitteln,** die dort angebaut wurden. Das alles bildete ein harmonisches Ganzes. Heute können wir uns aus jeder beliebigen Weltgegend Exotisches bringen lassen, und wir verzehren es, ob es nun zu unserem Körper, Klima und unserer Lebensweise passend ist oder nicht.

Denken Sie an das tägliche Glas Orangenjuice, ohne das wir schon fast nicht mehr auszukommen meinen; früher gab es Orangen einmal im Jahr, meist zur Weihnachtszeit und sie wurden in geringen Mengen als Delikatesse verzehrt.

Wir müssen auswählen

Diese zahlreichen Möglichkeiten bringen eine große Gefahr mit sich: Daß wir nämlich gegen unseren inneren Wesenskern leben, uns mit Gütern, Nahrung und Information eindecken und uns diesen aussetzen, die uns letztendlich schädigen, weil sie nicht in unsere gesamte Wesensharmonie passen. Wir dürfen heute nicht mehr alles nehmen, was uns geboten wird, sondern jeder ist selbst mehr denn je aufgerufen, aktiv eine Auswahl zu treffen.

3. Der medizinische „Gesundheitsreparaturservice"

Geräte reparieren, Geist heilen

Viel zu viel Aufwand wird für den „Gesundheitsreparaturservice" getrieben. Von den Kosten ganz abgesehen, die diese Apparaturen, Chemikalien, Einrichtungen alle ausmachen. Immer mehr Spezialisten beschäftigen sich damit, immer kompliziertere Geräte anzuschaffen, die sich dann ja auch amortisieren müssen durch höchstmöglichen Gebrauch, auch wenn sie wenig taugen; und die uns durch ihre Mächtigkeit und Bedienungseleganz nur imponierend die Wahrheit verschleiern und uns auf die falsche Fährte führen, indem wir respektvoll meinen, ein solch gewaltiger Apparat muß uns helfen können. In unserem Zeitalter des Intellekts und der Gefühlszersplitterung wird der ganze Mensch aufgeteilt in einzelne Stücke, für die dann jeweils ein anderer Arzt zuständig ist. Dies ist das charakteristische Phänomen eines Oberflächendenkens, welches sich nur an der äußeren Erscheinung orientiert, sprich dem Symptom. Um ein Bild zu bringen: Wir verhalten uns bei der Symptombekämpfung gerade so wie ein Autofahrer, dessen Warnlämpchen der Ölanlage aufleuchtet, und der darauf das Lämpchen

Streß macht uns oberflächlich

ausschraubt, sodaß jetzt nichts mehr blinkt und – munter fährt er weiter – für eine kurze Zeit.

Deshalb kann man ja auch beobachten, daß seit einigen Jahrzehnten die akuten Erkrankungen zurückgehen, wir aber einer ansteigenden Tendenz von chronischen Erkrankungen gegenüberstehen. Es ist, als ob sich die Krankheit unter dem Versuch das Symptom zu kaschieren, auf eine tiefer liegende Stufe zurückzöge. So haben wir es nicht mehr so sehr mit den früher so gefürchteten Infektionskrankheiten zu tun, hierfür haben wir die Antibiotika, sondern vielmehr mit Erkrankungen ganzer Systeme im Körper: Herz / Kreislauf, Ausscheidungssystem, Entgiftungssystem, Verdauungssystem, Rheumatismus, Bluthochdruck, etc. Dabei sind 50 % aller Krankheiten, so schätzt Prof. V. Uxküll, Umweltforscher und Biologe, mittlerweile iatrogene Krankheiten, Leiden, die durch Maßnahmen der Ärzte erst hervorgerufen werden; es gibt noch höhere Zahlen diesbezüglicher Statistiken.

Die Bedingungen für Gesundheit erforschen hilft Krankheit verhindern

Anstatt daß wir unsere Intelligenz, Kraft und Möglichkeiten dafür aufwenden die Frage zu klären: „Welche Wege gibt es, gesund zu bleiben oder bestehende Krankheit an der Wurzel zu fassen?" rennen wir einem Symptom nach dem anderen nach und versuchen, diese mühsam zum Verschwinden zu bringen. Heilung ist aber etwas ganz anderes und noch viel besser ist Vorbeugen.

4. Die drei Kategorien der Heilkunst

– Die Behandlung von Symptomen und Bedingungen: das ist die in unserer westlichen Welt übliche Vorgehensweise. Krank ist, wer ein Symptom hat.
– Die Behandlung der Ursachen beschäftigt sich mit der Erneuerung des Blutes und Änderung der Nahrungsaufnahme, physikalische Methoden, Autogenes Training, Reflexzonenmassage und dgl. gehören hierher, wie auch die Fastenkur nach Dr. Mayr.

Heilung beginnt im Inneren

– Selbstbehandlung durch Änderung der Lebensweise, indem wir die Lebensgesetze verstehen lernen, und unser Leben in die eigenen Hände nehmen. Das ist dann der beste Garant für dauerhafte Gesundheit.

Lebensgesetze sind Naturgesetze

II. Wege zu einem gesunden und positiven Leben

Ich möchte Ihnen gerne einige Gesetzmäßigkeiten aufzeigen und Wege, wie ein jeder individuell sich gleichsam umprogrammieren kann, seinem Leben eine positive Wende geben, oder auch nur die eine oder andere Gewohnheit ändern kann, wenn er das möchte.

Wir gehen einmal davon aus, daß wir erkennen, daß alle Kraft nur von innen kommt, ja nur kommen kann, da alle äußeren Kraftquellen uns ja in Abhängigkeit und damit einem Versehrtheitszustand belassen.

Gedanken lösen Körperveränderungen aus

So wie nach Goethe, „es der Geist ist, der sich den Körper baut“, ist, was immer in unserem Leben geschieht, nur die Verwirklichung unserer Gedanken: Die Gegenwart haben wir uns geschaffen durch Gedanken in der Vergangenheit, und die Zukunft schaffen wir uns durch gegenwärtige Gedanken. Kraft bzw. Energie ist die Ursache jeder Bewegung, jeden Fortschrittes. Es gelten dabei die gleichen Energiegesetze für biologische, psychische und geistige Kraftfelder, etwa für das Kraftfeld eines Gedankens. So bedeutsam die Entdeckung der Kernspaltung und der Atomenergie sein mag, so schicksalhaft und entscheidend ist die Entdeckung der „Atomenergien der Seele“, der Kraftfelder der Gedanken. Wie nach dem Gravitationsgesetz ein auf die Erde fallender Körper zunehmend beschleunigt wird, so nimmt nach dem Gesetz der Gedankendynamik das Durchsetzungsstreben und Verwirklichungsvermögen eines Gedankens im Maße seiner beharrlichen Wiederholung zu. Wenn wir, auf dem Gipfel eines Berges stehend, die Gesetze der Schwerkraft mißachten, können wir es mit dem Leben büßen. Wenn wir die Gesetze der Gedankendynamik mißachten, büßen wir es in Form von Widerständen, Schwierigkeiten, Krankheiten und Mißerfolgen. Denn jeder einmal gehegte und ausgestrahlte Gedanke löst die seiner Ladung und Richtung entsprechenden Veränderungen aus. So kann ein Gedanke an einen Mißerfolg bereits den Blutdruck verändern, Gedanken der Freude und Zuversicht lösen eine entsprechend andere Hormonausschüttung aus.

Oftmals wenn ich darüber spreche, daß wir uns bewußt andere Gedanken zulegen müssen, wenn wir ernsthaft etwas in unserem Leben ändern wollen, höre ich den Einwand, das ist so künstlich, sich selbst zu manipulieren; man kann sich doch nicht selbst etwas vormachen, und wenn einer eben das Leben als belastend empfindet, hilft es ihm gar nichts, sich dreimal am Tage einzureden, es sei schön und lebenswert!

Darauf möchte ich antworten:

Sich lösen von negativen Erfahrungen

1. Wenn wir das Leben unerträglich finden, so ist das vor allem das Ergebnis dessen, was uns unsere früheren Erziehungspersonen in Worten und Gefühlen mitgegeben haben. Wir wiederholen nur deren Gedanken und zwar meist automatisch, uns gar nicht bewußt. Nennt man etwa ein Kind, vielleicht sogar im Scherz, öfters dumm, so wird es mit der Zeit selbst daran glauben und sich so verhalten, was wieder die Umwelt in ihrer Meinung entsprechend formt. Wir wurden so zeitlebens gesteuert von unserer Umwelt. Jetzt, als Erwachsene, gilt es, daß wir uns selbst in die Hand nehmen und uns selbst bewußt führen, und nicht mehr unbewußt leiten lassen von den Gedanken und Vorstellungen anderer.

2. Dies geschieht dadurch, daß wir Einsicht nehmen in uns selbst, erkennen, was unsere wahren Beweggründe sind, mag dabei auch nicht unbedingt nur Positives zutagetreten! Diese unsere „inneren Tatsachen“ müssen wir erst wahrnehmen, d.h. sie als wahr nehmen, positiv annehmen, ehe wir aus diesen Gegebenheiten heraus die rechte neue Zielvorstellung bilden können!

Das neue Ziel „erfühlen“

3. Handelt es sich bei dem Vorgang mehr Selbstbestimmung zu erlangen nicht darum, sich nur etwas

einzureden, vielmehr ist es wichtig, daß wir im Zusammenhang mit einer Zielvorstellung das „Innere Gefühlsklima" herstellen, das genau zur Zielvorstellung paßt. Wir müssen zuerst innerlich Tatsachen schaffen, unsere Gefühle ändern in bezug darauf, was wir erreichen wollen. Und das ist möglich!

III. Wie geht man nun systematisch dabei vor, sich zu bestimmen, zu führen?

Selbstbestimmung durch Arbeit an sich selbst

1. Gedanken ändern – umdenken, d.h. die Einstellung zu den Dingen ändern, eine exakte Zielvorstellung bilden dahingehend, was wir erreichen möchten.
2. Das innere Gefühlsklima ändern – positive Gefühle schaffen.
3. Benötigen wir Energielieferanten um unsere neuen Ziele auch zu erreichen. Das sind:

- auf körperlicher Ebene: die richtige Ernährung – Erhöhung des Aktivierungsniveaus
- auf seelischer Ebene: die Entspannung – Energie wird frei aus den Muskelblockierungen
- auf geistiger Ebene: die Motivation – wir brauchen einen Beweggrund und den müssen wir uns bewußt als antreibende Kraft oft und oft vor Augen halten.

1. Wie wir unser Denken ändern und eine neue Zielvorstellung bilden:

Sind wir unbewußt, wiederholen wir nur die Vergangenheit

Unser Denken gestaltet unser Leben. Es legt die Grundlage für Glück und Erfolg, oder treibt zu Versagen und Unglück jeder Art. Unser Denken vermag uns in Hochspannung oder Depression zu versetzen. Unser Denken ist gleichsam eine unerschöpfliche Kraft und was immer in das Leben eines Menschen tritt, es ist zuerst gedacht worden: Ein Kuß, ein Haus, ein neuer Industrieartikel, alles war zuerst in der Vorstellung vorhanden. Normalerweise wiederholen wir in unserem Vorausdenken die Erfahrungen aus der Vergangenheit. Dies läßt uns aber oft am Platze treten. Erst bewußtes Umdenken führt uns zu neuen positiven Erfahrungen! Deshalb müssen wir uns eine genaue Vorstellung davon machen, was wir wollen, seien es konkrete Ziele, oder auch Charaktereigenschaften, vielleicht Gewohnheiten, schlechte, die wir ablegen und gute, die wir uns zulegen wollen. Wir können uns Nahziele oder Fernziele stecken, konkrete oder mehr abstrakte Ziele.

Wie kann nun aus diesem Denken Wirklichkeit werden? Weil das, was wir in uns denken aufgrund des Gesetzes der Entsprechung – wie innen so außen – die Tendenz hat das Ähnliche anzuziehen. Unser Unterbewußtes sucht gleichsam wie ein Messfühler diejenigen Umweltinformationen heraus, die dazu passen, gleichgültig worauf sich unsere Gedanken beziehen. Es ist aber notwendig, daß wir unsere Ziele in einige wenige konkrete positive Worte fassen und den erwünschten Zustand als bereits verwirklicht ansprechen, z. B. ich bin den ganzen Tag ruhig und gelassen; oder: Französisch lernen bringt Erfolg; oder: wenig essen macht wach und offen. [10]

Das Erwünschte als verwirklicht sehen

Das allein genügt aber noch nicht und zwar deshalb: [11]
Unser Gehirn besteht aus zwei Hälften: Der linken, auch die dominante Hälfte genannt; in dieser linken Hälfte ist u. a. alles verankert, was mit Sprache zu tun hat, also unsere wörtlichen Formulierungen. Durch das sprachlich konkrete Formulieren unseres Zieles verankern wir die Information, die unser künftiges Leben bestimmen soll in dieser linken Hälfte. Die rechte Hälfte unseres Gehirns aber betrifft unser ganzheitliches Denken und unsere Vorstellungsbilder. Damit nun unsere Zielvorstellung sich rasch und tief einprägt, müssen wir uns zusätzlich zur sprachlichen Formulierung eine entsprechende bildhafte Vorstellung vor unser inneres Auge halten. Zielformulierung: Wenig essen macht mich wach und offen: Ich stelle mir z. B. vor, wie ich den Teller zurückschiebe, Erfolg im Beruf und mit Menschen habe . . .

Das Ziel in der Vorstellung verankern

Somit ist unser Wunschbild doppelt gut verankert. Russische Gehirnforscher haben bewiesen, daß der

Energiereserven mobilisieren

Durchschnittsmensch nur 20% seiner Gehirnzellen aktiviert.[12] Doch diese Aktivierung der Gehirnzellen muß über Impulse aus den energetischen und feinstofflichen Bereichen geschehen. Wir müssen über das Denken die entsprechenden Signale bewußt setzen. Solche Zielvorstellungen können sich auch auf das Freiwerden von körperlichen Schmerzen und Symptomen beziehen. Negatives Denken kann körperliche Schmerzen verstärken! Natürlich: In solchen Fällen ist es angebracht, daß wir unserem eigentlichen Problem auf den Grund gehen, damit unser Unterbewußtsein auch unsere Weisung annimmt.

Können wir den Hintergrund unseres Krankseins selbst nicht entdecken, so kann uns ein entsprechend ausgebildeter Psychologe sicher dabei helfen. Auf diese Weise können wir uns besser kennenlernen, herausfinden, wo wir gegenwärtig stehen und wo wir uns vielleicht selbst blockieren.

Angenommen, wir haben eine Zielvorstellung und eine dazu passende bildhafte Vorstellung gefunden: Dann kommen wir zum 2. Schritt:

2. Wie wir unser „inneres Gefühlsklima“ ändern

Den „Muskelpanzer“ in der Entspannung sprengen

Jedes Problem, jeder Konflikt sitzt uns gewissermaßen in den Muskeln als Verspannung. Haben wir viele solche Verspannungen und sind sie chronischer Natur, so sprechen wir von einem Muskelpanzer. Dieser Muskelpanzer verhindert, daß etwas in uns eindringen kann, uns beeinflußt. Er hat sich geformt aus früheren seelischen Verletzungen, die oft schon in der Kindheit begannen. Nun läßt dieser Panzer aber auch nicht zu, daß die neue Information, die wir uns selbst eingeben wollen, angenommen wird. Dazu müssen wir diesen Panzer erst gleichsam sprengen, uns öffnen. Dies geschieht mit Hilfe von Entspannung. Indem wir in einem guten Entspannungstraining, in der Tiefenentspannung unser Unterbewußtsein aufnahmebereit machen, kann das, was wir uns in Gedanken vorstellen und vorsagen, erst in uns eindringen. In der Entspannung wird auch unser inneres Gefühlsklima zum Positiven ge-

Entspannung macht offen

wendet, ja, unsere Gefühle werden gleichsam „umprogrammiert“ von Angst / Ärger auf Freude / Gelöstheit. Der Grund dafür liegt in unserer Hormonausschüttung. Bringen wir uns über die gezielte Entspannung aus einem Zustand der Angst / Erregung in einen Zustand von Gelöstheit, so findet auch eine hormonelle Umstellung statt von sog. Nebennierenrindenhormonen zur Sexualhormonbildung, welche im weitesten Sinne des Wortes für Freudegefühle zuständig sind.

So schaffen wir uns also in der Entspannung positive Gefühle und verbinden diese optimistischen, angenehmen Lebensgefühle mit unserer wörtlichen und bildhaften Vorstellung! Nichts anderes geschieht beim sog. „Superlearning“, deshalb prägt sich uns auch der Lernstoff so rasch ein.

Allein schon dadurch können wir unser Leben – was immer in der Vergangenheit gewesen sein mag, vollkommen neu umprogrammieren, neu ordnen!

Energie hilft den Gedanken zur Tat machen

Jetzt benötigen wir noch die optimale körperliche Basis, um mit vermehrter Energie unsere Ziele auch verwirklichen zu können. Energie gewinnen wir einmal bereits durch Lösung unserer Muskelspannung, zum anderen durch eine optimale Ernährung.

3. Durch die richtige Ernährung wird die ursprüngliche Körperordnung wiederhergestellt

Ordnung im Körper schafft Ordnung in der Seele und ordnet den Geist

Durch diesselbe gute Ernährung nimmt der Untergewichtige zu und der Übergewichtige ab. Nicht nur das Körpergeschehen ordnet sich zum Besten, auch die Seele wird lichter, ruhiger, geordneter, die Gedanken positiver und klar.

Die richtige Ernährung macht uns bewußter, der zu Aktive wird kontrollierter, ruhiger, der zu Träge, Passive wird aufgeweckter, interessierter an seiner Umwelt.

Die richtige Ernährung führt zum inneren Gleichgewicht

Einc gute Ernährung bewirkt auf der materiellen Ebene das, was die Entspannung auf seelischer Ebene bewirkt:

- Ausgeglichenheit
- Geordnetheit

- ein Mehr an Energie
- positives Lebensgefühl
- Zielgerichtetheit

Was ist richtige Ernährung?

Ernährung ist nicht mit Nahrung gleichzusetzen, sondern Ernährung = Nahrung × Verdauung

Ernährung heißt:	1.	richtiges Essen:	wie
	2.	richtige Mengen:	wieviel
	3.	richtige Zeiten:	wann
	4.	richtige Nahrung:	was

1. Wie soll man essen?

   - Nimm Dir genügend Zeit! Wenigstens eine halbe Stunde!
   - Iß langsam und behaglich entspannt!
   - Nimm nur kleine Bissen in den Mund!
   - Kaue sorgfältig und speichle jeden Bissen ein „Gut gekaut ist halb verdaut!"
   - Genieße jeden Bissen ausschmeckend!
   - Wende Deine Aufmerksamkeit allein dem Essen zu!

2. Wieviel soll man essen?

   Die ideale Nahrungsmenge ist von großer Bedeutung: Das Schwierigste daran ist, den normalen Sättigungsreflex wahrzunehmen und nicht „zu überfahren", bis schließlich ein Völlegefühl anzeigt, daß wir wieder zuviel gegessen haben.

   Besonders für geistige Arbeit ist Vielessen lähmend. Mehr Nahrung ergibt nicht mehr Energie, denn die Verdauung benötigt sehr viel Kraft. Daher ist auch hier der goldene Mittelweg der beste.

3. Wann soll man essen?

   Der Hunger ist ein gesunder Naturtrieb, der uns das Nahrungsbedürfnis des Körpers anzeigt. Wer den echten Hunger von seiner Verzerrung, d. h. der krankhaften Eßlust und dem genüßlichen Appetit wohl zu unterscheiden weiß, dem genügt die Regel des chinesischen Weisen Laotse: „Iß, wenn dich hungert und trinke, wenn dich dürstet!"

Merke aber: Alles was darüber hinausgeht, ist von Schaden.

Um eine klare Richtschnur zu finden, werden wir darauf achten, wann der Körper am meisten Energie zur Verfügung hat, um eine kräftige Mahlzeit zu verarbeiten. Das ist logischerweise am Morgen, wenn die Nachtruhe unsere Kraftreserven wieder aufgefrischt hat. Auf dieser Erfahrung beruht das bekannte Wort: Iß morgens wie ein Fürst, mittags wie ein Bürger, abends wie ein Bettelmann."

Daher verdaut man morgens auch sonst schwerverdauliches Essen, was abends nur zu Übermüdung und Übersäuerung führen würde.

Am Nachmittag arbeitet der Verdauungsbereich um etwa zwei Drittel weniger als bis ca. 14 Uhr. Um ca. 16 – 17 Uhr ist der Energiedurchlauf für die aufnehmenden Verdauungsorgane beendet. Deshalb sollten danach keine größeren Mahlzeiten mehr genommen werden.

4. Was soll man essen?

Die Nahrung ist nur ein Teil vom Ganzen. Die Arbeit, das Alter, das Klima und die Jahreszeit sind an der richtigen Kost mitbeteiligt. Je schwerer die körperliche Arbeit, desto größere Mengen und eher schwer aufschließbare Nahrung muß der Körper erhalten. Der Büromensch muß genau umgekehrt essen. Deshalb lassen sich oft für unsere gemäßigten Zonen nur grobe Richtlinien aufstellen!

- einfach und leicht verdaulich essen
  gekocht ist leichter verdaulich als roh
  mager ist leichter verdaulich als fett
  getoastetes bzw. altes Brot ist leichter bekömmlich als frisches Brot
  Hartkäse ist leichter verdaulich als Weichkäse (Gärung)
  Süßmilch (kleine Mengen) ist leichter verdaulich als Sauermilch, Yoghurt, Quark
  ohne Soße ist leichter verdaulich als mit Soße

- Konserven und künstliche Konservierungsmittel möglichst vermeiden
- alle Wurstsorten meiden (außer Putenwurst, Rinderschinken, Zunge)
- im Säuren- Basengleichgewicht essen (Details siehe Dr. Rauch [13] – „Milde Ableitung")
- als Energiespender: Vollkornprodukte essen (so vertragen) wie ungeschälter Reis, Hirse, Dinkel, Grünkern, Weizen, Buchweizen, Mais, Gerste, Roggen, Hafer, etc.
- milde würzen, am besten nur Kräutergewürze
- Vorsicht vor einem Übermaß an Eiweiß (pro kg Körpergewicht 0,5 g Eiweiß /Tag) sonst Ablagerung in Gefäßen wegen schlechter Durchblutung
- Vorsicht mit Rohkost, Salaten, Obst, Fruchtsäften, Gemüsesäften wegen schwerer Verdaulichkeit (nur kleine Mengen essen, entsprechend der Verträglichkeit; oftmals überhaupt zu meiden)

zu vermeiden (bzw. als Genußmittel zu betrachten):

- Süßigkeiten (Zucker durch Honig, Ahornsirup ersetzen)
- Alkohol
- Bohnenkaffee, schwarzer Tee
- Nikotin

Die richtige Ernährung beeinflußt nicht nur unseren Körper zum Besten, sondern auch die Seele. So kann manche Depression oft schon durch die Tiefenumstellung der Gesamtpersönlichkeit über die Änderung der Ernährung (Entgiftung, Stoffwechseländerung) und gezielte Entspannung erfolgreich aufgelöst werden.

Auch kann die richtige Ernährung helfen, Angstgefühle abzubauen, Gefühle seelischer Gelähmtheit, Zerstreutheit, Unkonzentriertheit, etc.

Warum beeinflußt die Ernährung so sehr auch die Seele, das Gemüt?

Durch die Wiederherstellung der inneren Körperordnung wird die Reizschwelle erhöht, d.h. jeglicher Streß wird weniger als solcher empfunden, wir werden insgesamt stabiler, haben mehr Kraft.

Und wer mehr Kraft hat, hat weniger Angst und letztlich Probleme.

Zusammenfassung:

Es wurde bereits erwähnt, wie wir uns Ziele stecken, auf welchem Wege wir unsere dafür nötigen Kräfte freisetzen. Die letztlich eigentliche Kraft, die uns dazu antreiben kann, ist eine Motivation, ein Beweggrund!

Über eine solche allerdings müssen wir uns klar werden! Denn unsere Motivation werden wir uns immer wieder vor Augen halten müssen, um bis zu einem Ziel auch durchzuhalten! Üblicherweise ist eine große Motivation das Beenden eines Unlustzustandes (Schmerz, Krankheit, Freudlosigkeit, Versagensgefühl, sich häufende Probleme, etc.). All dies hilft uns, unsere Kräfte „auf einen Punkt" zu sammeln, um unsere Wunsch-Vorstellung zu erreichen! Buddha hat einmal gesagt: „Alles ist möglich dem, der seine Kraft auf einen Punkt zu sammeln weiß!" Und darin liegt auch zusammengefaßt das ganze Geheimnis, wie wir im Leben gesund und auch erfolgreich sind:

Wir müssen unsere schlummernden Kräfte wecken über die richtige Ernährung, sie ins Gleichgewicht bringen und frei fließen lassen über die Entspannung, uns eine Zielvorstellung bilden, d. h. wissen, was wir wollen, und diese bildhaft wieder und wieder mit positiven Gefühlen in der Entspannung verbinden!

Wir sind nur dort „angreifbar", wo wir noch unbewußt sind

Auf diese Weise bekommen wir mehr und mehr unser Leben selbst in die Hand und Negatives kann uns von außen nicht mehr angreifen! Denn nur dort bilden wir Angriffsfläche, wo wir noch unbewußt, d. h. nicht selbstbestimmt sind! Das ganze Vorgehen hat allerdings zur Voraussetzung, daß wir immer wieder in die Stille gehen, unsere Aufmerksamkeit von aller Betriebsamkeit abziehen und in uns hineinhorchen! Denn nur dann, nur in der Stille vernehmen wir überhaupt die Stimme, die uns sagen kann, was uns wirklich fehlt, und uns Hinweise gibt darauf, wo wir uns selbst hinsteuern wollen.

Erich Kästner hat es humorvoll ausgedrückt: [14]

> „Du rennst im Kreis und suchst ein Loch?
> Du rennst umsonst, begreif es doch!
> Besinn Dich!
> Ein einziger Ausweg bleibt Dir noch!
> Geh in Dich!"

DIE ERNÄHRUNG BETRIFFT DAS GANZE WESEN

INHALT

Die Ernährung betrifft das ganze Wesen

„Was der Mensch ißt, das ist er“ (Feuerbach)

Ich möchte in diesem Vortrag gerne aufzeigen, wie wesentlich uns die Art unserer Ernährung beeinflußt und zwar nicht nur unseren Körper, sondern sie betrifft Seele und Geist gleichermaßen, also den ganzen Menschen!

Körper/Seele/Geist sind eine Einheit

Dies ist heute noch relativ wenig systematisch erforscht, vielleicht liegt das daran, daß nur ganzheitlich denkende Forscher auch den ganzen Zusammenhang erfassen können. Und die Wissenschaft hat sich besonders der analytischen Methode verschrieben, so daß entweder der Körper im Sinne von Krankheit unter die Lupe genommen wird – oder der Seelenarzt ist zuständig – der denkt aber meistens nicht an das Essen, also die materielle Grundlage.

Um Ihnen den Zusammenhang deutlich zu machen zwischen Ernährung und Gemütslage oder seelischem Wohlbefinden, habe ich einige Aspekte herausgeschält.

I. Einheit von Körper, Seele und Geist

II. Was ist überhaupt Ernährung, was geschieht bei der Ernährung?

III. Was ist Krankheit, wann wird ein Mensch krank?

IV. Was tun?

I. Körper, Seele und Geist sind eine Einheit

Wir können vom heutigen Stand der Erkenntnis ausgehend sagen, daß Körper / Seele / Geist eine untrennbare Einheit darstellen. D. h. körperliche Vorgänge und seelisch / geistige Vorgänge geschehen stets parallel und sind zwei Pole ein und desselben, z. B. wenn jemand unter Streß – also seelischer Spannung steht – so bewirkt das augenblicklich eine

Körperveränderung: Ausschüttung von Adrenalin
u. a. Hormonen
Blutgefäßverengung
Blutdruckerhöhung
Verdauungsblockierung
Sexualfunktionsblockierung
Denkblockaden
u. a.

Und umgekehrt: Leiden wir z. B. an einem körperlichen Mangel, etwa Schmerzen, so empfinden wir eine seelische Beeinträchtigung, „es schlägt uns auf's Gemüt!" oder z. B. bei einem anderen körperlichen Mangel, bei extremem Hunger: Wie leicht werden wir Opfer einer Wahrnehmungsverschiebung, d. h. wir nehmen vor allem wahr, was eßbar ist: Hamburgerkantinen und Würstelstände, Restaurants, Geschäftsauslagen mit appetitlich ausgestellten Eßwaren, usw.

Das bedeutet für uns:

Den Körper wie einen Freund behandeln

Gehen wir mit unserem Körper gut um, behandeln wir ihn so, wie wir einen Freund behandeln würden, so werden wir uns auch seelisch wohl, ausgeglichen und voll Freude fühlen.

Dazu ist natürlich wichtig, was wir ihm an Energie zuführen über unsere Eßkultur.

Entscheidend ist dabei: Daß wir ihm überhaupt Energie zuführen – anstatt – wie es sehr oft vorkommt und viel zu wenig deutlich wird – über das Essen sogar einen Teil Energie wegnehmen, den Körper also schwächen. Ja, wir können über falsches Essen, indem wir „Sterbensmittel" statt Lebensmittel zu uns nehmen, den Körper und damit auch Seele und Geist in einen zerrütteten, unharmonischen Zustand der Unordnung bringen, wo die einzelnen Regelkreise nicht mehr aufeinander abgestimmt sind („vegetative Dystonie"), wo wir eine negative Ausstrahlung haben und der Mangel an Energie sich in Hektik, Aggressivität oder Hängenlassen, Müdigkeit, Depressivität u. a. niederschlägt.

Ernährung bestimmt unsere Ausstrahlung

Und umgekehrt: Durch rechtes Essen führen wir uns Energie zu, stärken uns, was sich seelisch in einem Gefühl von positiver Stimmung, einem Hochgefühl, innerem Gleichgewicht, einer starken, energetisch guten Ausstrahlung auf andere Menschen bemerkbar macht. Und ob wir nach außen schwach oder stark wirken, das wird wieder zur Folge haben, ob wir Opfer unserer Umgebung sind, oder unsere Ziele erreichen, und auf andere positiv einwirken können.

II. Was ist überhaupt Ernährung, was geschieht bei der Ernährung?

Bei der Ernährung vollzieht sich ein ähnlicher Austausch wie auf der Atemebene, nur grobstofflicher: Wir nehmen körperfremde Energie von außen auf, wandeln sie in körpereigene Energie um und scheiden den Rest wieder aus. D. h. wir sollten unseren Organismus über die Ernährung eigentlich stärken. Häufig ist aber gerade das Gegenteil der Fall und unsere Lebensenergien werden weniger und weniger.

Der Anblick eines guten Gerichtes löst bereits positive Kräfte in uns aus

Was Ernährung ist und bedeutet, können wir am besten erfahren, wenn wir einmal längere Zeit – bitte damit ist nicht das bewußte Fasten gemeint, das ist etwas anderes – an Nahrungsmittelmangel leiden. Alle Reichtümer der Welt sind nichts gemessen an dem Stück Brot oder der Frucht, die man zu sich nehmen darf; schon beim ersten Bissen fühlt man die Belebung, so viele Mechanismen und Kräfte werden dadurch ausgelöst. Meist billigen wir der Nahrung nur eine instinktgelenkte, aber keine intellektuelle, bewußte Bedeutung zu, und doch: Positive energievolle Ernährung bringt positive erfolgreiche Gedanken. Beobachten Sie viele Leute heute beim Essen, denken Sie an die Stehcafes z. B.: Sie können nicht richtig essen; sie nehmen die Nahrung rein mechanisch, völlig unbemerkt auf, schlucken ohne zu kauen, wälzen dabei im Kopf die wirrsten Gedanken, hegen im Herzen die chaotischsten Gefühle, reden über Krieg, Arbeit, etc.[15] Auf diese Weise werden die Funktionen des Organismus so gestört, daß nichts funktioniert, weder Verdauung noch Ausscheidung. Aber vor allem auch: Ihr Denken und Handeln wird negativ sein.

1. Bewußte Auswahl treffen:

Es ist einmal wichtig, daß wir nur Energiespender statt Energieräuber zu uns nehmen.

Kritisch aus dem Angebot wählen

Das heißt, die Auswahl der Nahrung muß bewußt getroffen werden. Würden unsere Instinkte noch funktionieren, würden wir von selbst nichts Schädliches essen. Denken Sie an die nicht domestizierten Tiere, wie fein sie auf ein Nahrungsangebot antworten, welches ihnen nicht bekommt. Im übrigen ist das derselbe Prozeß, wie wir ja sonst auch unsere Umwelt aktiv auswählen, zu wem wir gehen, mit wem wir befreundet sein wollen, welches Theaterstück wir besuchen und dgl. D. h. stets handelt es sich darum, daß wir uns gesunderweise dorthin bewegen, unsere Auswahl aus der Umwelt dahingehend treffen, daß wir im Austausch Energie erhalten. Wird uns nämlich Energie genommen, so meiden wir meistens diesen Ort. Ebenso spüren wir, wie uns etwa ein Mensch, der aggressiv oder depressiv ist, Energien nimmt.

Genauso verhält es sich mit der Energie in bezug auf das Essen, nur sind wir uns dessen meist nicht bewußt. Die Schwierigkeit liegt auch darin, daß vermeintliche Energiespender (z. B. ein Stück Torte) in Wirklichkeit und letzten Endes Energieräuber sind.

Welche Auswahl also sollten wir treffen? Ich möchte hier nur vom Psychologischen her grobe Richtlinien geben, die sich vielleicht gut einprägen:

Das innere seelische Gleichgewicht erreichen wir dann, wenn wir ausgeglichen essen, d. h.:

2. Extreme vermeiden

Extreme sind alles Übermaß:

Mäßig Fleisch

Essen wir ein Zuviel an Eiweiß, insbesondere Fleisch, so erzeugt das in uns ein Milieu der Überspannung, ein Gefühl von Angetriebenheit, Unlust, Überaktivität, Nervosität, Gereiztheit, Aggressivität bis zum Jähzorn (körperlich über die Übersäuerung: Rheuma, Gicht, Hochdruck, etc.).

Kaum Süßigkeiten

Essen wir ein Zuviel an Süßigkeiten und Weißmehlprodukten, so erzeugt das in uns ein Milieu der Unterspannung, ein Gefühl von Müdigkeit, Depression, Apathie, Passivität, Lethargie, Nervosität (körperlich ebenfalls über die Übersäuerung: Mineralmangelerscheinungen, Ischiasbeschwerden, etc.).

Viel Vollkorn jeder Art

Vollkorn / Vollwertprodukte, die alle wertvollen Bestandteile enthalten, sind reich an Mineralien, Spurenelementen, Vitaminen und halten uns genau im Spannungsgleichgewicht.

Die Kraft der Nahrungsmittel in ihrer psychischen Wirkung auf uns:

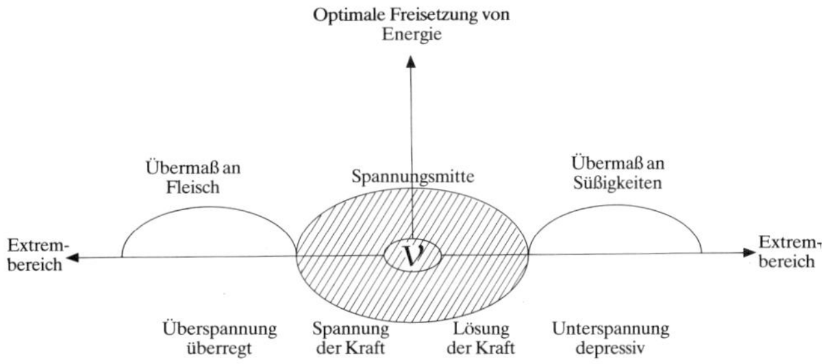

///	=	Normalbereich = willkürlich = Bereich der Spannungsmitte, wir sind in „Kontrolle“
Energie	=	in der Spannungsmitte, d. h. im Ausgleich wird die meiste Energie freigesetzt, d. h. wir haben am meisten Kraft zur Verfügung
Extrembereich	=	wenn unsere innere Kraft im Extrembereich schwingt, ist sie gebunden, d. h. nicht verfügbar
(V)	=	Vollkornprodukte haben die Eigenschaft, daß sie genau zwischen Spannung und Lösung unserer Lebenskraft liegen, d. h. sie machen uns ausgeglichen und setzen optimal Energie frei.

Deshalb sollte ein Großteil unserer Nahrung (so vertragen!) auf Vollkornprodukten aufgebaut sein.

Dies ermöglicht es auch dem Übergewichtigen, langsam, aber stetig an Gewicht zu verlieren, da ihm über die Vollkornprodukte stets ausreichend Energie zur Verfügung steht, der Körper und damit Seele/Geist weiter aktiv und „in Schwung" bleiben, und er außerdem über die besondere „ausgleichende" Eigenschaft dieser Nahrung Probleme, die vorher durch Überessen verdrängt wurden, gelassener ertragen und somit besser lösen kann.

Nicht durch Mangel an Energie, sondern durch ein Mehr an Energie – Übergewicht verlieren

Extreme sind alle scharfen Gewürze

Wir sollten möglichst mild essen, da scharfe Gewürze die Magen-Darmschleimhäute reizen und so zu Gereiztheit führen. Doch dürfen wir großzügig alle Kräuter als Gewürze verwenden: Wacholder, Thymian, Basilikum u. dgl.

Scharf würzen macht reizbar

Extreme sind alle unnatürlichen, d. h. chemisch konservierten und eingefärbten Nahrungsmittel

Man hat in den USA Untersuchungen an Schulkindern vorgenommen, wobei einer Gruppe von nervösen Schulkindern für eine Zeit alle Nahrung, die Phosphate enthielt, vorenthalten wurde (Konserven, Wurst, Limonade). Nach relativ kurzer Zeit bereits wurden sie ruhiger und ausgeglichener, Verhaltensstörungen verschwanden.

Vorsicht vor Wurst, Konserven und Limonaden

3. Bewußt die Menge begrenzen

Die Menge der Nahrung bestimmt entscheidend mit, wieviel Energie wir bekommen, oder ob uns sogar durch die überbeanspruchten Verdauungsorgane Energie noch verlorengeht.

Einfach ausgedrückt: Wir sollten nur soviel essen, daß wir noch nicht ganz voll – also noch positiv angeregt sind. Sind wir nämlich gesättigt, so geht uns Energie verloren, weil wir sie für den übermäßigen Verdauungsprozeß brauchen. Dieser Verlust an Energie durch die Verdauung kann so chronisch werden, daß wir uns überhaupt nie erholen und stets

Aufhören, wenn wir noch Lust haben weiter zu essen

Verdauungsmüdigkeit vermindert Lebensqualität

müde fühlen. Nach einer solchen Mahlzeit muß man schlafen oder kann nur schwer arbeiten.

Eigentlich aber sollten wir nach dem Mahl hellwach und gutgelaunt sein!

Die Kraft, die der Körper für innen braucht, hat er für außen nicht zur Verfügung.

Die Energieschwächung – falls wir ein Zuviel essen – macht sich beim einen Menschen in Müdigkeit, Mutlosigkeit, Antriebslosigkeit, beim anderen als Überdruck, Aggressivität, „Um-sich-Schlagen" bemerkbar, in jedem Fall werden wir auf unsere Umwelt nur reagieren, statt souverän zu agieren.

Essen wir zuviel, dann fügen wir uns nicht nur körperlichen Schaden zu, sondern auch unserem Gefühl und geistigen Bereich. Wir „erschlagen" gleichsam unsere Gefühle und unsere geistige Führung durch Überernährung. Wollen wir also Selbstkontrolle bewahren, unsere Ziele erreichen, müssen wir auch stets den Geist ans Steuer lassen.

Nehmen wir ein Auto zum Vergleich: Wer sich überißt, steigt nur auf das Gaspedal und fährt schneller, als er lenken kann. Das Ergebnis ist klar. Wer aber nur das Ziel anpeilt, ohne Kraft zu haben, der lenkt, ohne zu fahren. Auch das ist unbefriedigend.

Je kleinere Mengen wir insgesamt essen, desto leichter wird unser Körper auch mit wenig gehaltvoller, ja schädlicher Kost (Schokolade und dgl.) fertig.

Aber: Je mehr wir essen, desto gesünder, reiner und aufbauender müssen wir essen.

Zuviel essen macht hungrig

Wer zuviel ißt, bekommt mit der Zeit das Gefühl, immer mehr essen zu müssen, der tatsächliche Energiemangel über die übermäßig gebrauchte Verdaukraft ist der Grund dafür.

Genußmittel erniedrigen die Reizschwelle

Wer unter Streß steht, hat oft die Neigung, die aufgestauten blockierten Energien zu lösen, indem er sie „abreagiert" mit Süßigkeiten, Alkohol, Nikotin, Kaffee und dgl. Das mag zwar für den Augenblick subjektiv entkrampfen, schwächt tatsächlich aber den Körper noch mehr – was zu einer noch tieferen Reizschwelle führt – er wird jetzt noch schneller nervös und erschöpft sein.

Genußmittel rauben Kraft

4. In Ruhe und mit voller Aufmerksamkeit essen

Auch ist es notwendig, daß wir mit der vollen Aufmerksamkeit dem Essen zugewandt sind.

Wenn die Sinne nämlich nicht beteiligt sind, d. h. wir an Arbeit, Politik, Sorgen denken, anstatt die Nahrung wahrzunehmen, dann kann auch der Sättigungsreflex nicht eintreten, und wir werden stets „über das Ziel hinausschießen".

Auch die Seele will das Mahl aufnehmen

Wenn wir das Essen mit unseren Sinnen nicht entspannt aufnehmen, sind wir anschließend auch seelisch nicht zufrieden, nicht satt. Wir fühlen uns dann seelisch, als ob wir nichts gegessen hätten. „Tue was du tust" – besonders beim Essen hat das Zen-Wort seine Bedeutung!

Den Geist auf das Mahl einstimmen

Nur wenn wir bewußt und mit Aufmerksamkeit unseren Geist auf das Essen einstimmen, können sich auch die nötigen Verdauungssäfte einstellen und unsere Nahrung wird richtig aufbereitet. Der Umwandlungsprozeß grobstofflicher Materie in körpereigene Energie beginnt bereits im Munde, ja schon, wenn wir das Essen sehen, uns darauf freuen. Wenn wir es ohne zu kauen verschlingen, kommt die Nahrung ohne die entsprechende Säfteaufbereitung in den Darm und kann nicht gut verwertet, assimiliert werden.

Intellekt, Herz und Willen beim Essen schulen

Aber wir wollen einmal absehen von der körperlichen Ebene, wir haben ja eingangs im Titel festgestellt, die Ernährung betrifft das ganze Wesen. Wir meinen oft, wir werden intelligenter, wenn wir viel lesen, Information aufnehmen; wir glauben, unser Herz zu schulen, indem wir Familie und Kinder haben und diesen Schutz geben; und unseren Willen stählen wir durch körperliche Übungen, Sport, etc. [16]

Wie man ißt, so liebt man

Das alles trifft im Grunde nicht das Wesentliche selbst: Gerade während der Mahlzeiten kann man Intellekt, Herz und Willen entwickeln. Und das täglich ohne zusätzlichen verkrampften Mehraufwand.

Denn die Einstellung, die wir dem Essen gegenüber haben, wirkt sich auch auf alle anderen Gebiete aus. Wer z. B. nur funktional ißt – der „Managertyp" im negativen Sinne – rasch, hastig, ohne Genuß, womöglich im Stehen, damit eben das Essen „erledigt" ist, dem sind auch alle anderen Dinge Mittel zum Zweck, der kann noch nicht vom Verstandesdenken loslassen, „in der Gegenwart sein", und ist vielleicht stets in Unruhe auf die nächste Sache bezogen. Kann sein, er spricht davon, daß er sein „Beefsteak" liebt, aber was für eine Liebe ist das, indem er es sich impulsiv einverleibt, ohne es gleichsam als ein „Gegenüber" in einer gewissen Distanz zu achten, ja überhaupt wahrzunehmen.

Ruhe, in der Gegenwart sein, Da–sein, die beim Essen so notwendig sind, betreffen eigentlich zutiefst unser Herzdenken, denn ohne innere Ruhe keine Liebe. Die meisten Menschen glauben, Liebe sei nur etwas für spezielle Gelegenheiten, eng verknüpft mit der Sexualität. Gerade da finden wir sie oft sehr selten. Gerade deshalb, weil sie nie in anderen Bereichen geübt wurde. Das Essen bietet sich dafür in geradezu klassischer Weise an, denn wir tun es täglich mehrmals und es ist elementar für uns. Wie wir zum Essen stehen, so stehen wir auch zur Liebe, zum Leben und zu unseren Mitmenschen.

Achtung ist das Wesen der Liebe

Wer die Nahrung positiv wertschätzt, wird sich auch nicht darauf stürzen, sie unachtsam hinunterschlingen und diese Achtung ist das Wesen der Liebe.

Eine Minute innehalten vor dem Essen

Ein gutes Mittel diese Distanzlosigkeit und Impulsivität zu überwinden, ist etwa eine Minute innezuhalten in Anbetracht des Essens. Gerade soviel, daß die Energien in einem selbst zur Ruhe kommen, und wir nicht hektisch oder nervös sind. Ißt man nämlich in einem schnellen, chaotischen Zustand, so zieht sich diese Stimmung der Unruhe durch den ganzen Tag hin fort.

Den Willen schult man am besten durch eine ausgewogene harmonische Gestik beim Essen.

Sie würden staunen, wie rasch sich diese Vorgänge auf Ihr übriges Leben auswirken. Mindestens 2 – 3 mal täglich haben wir so die Möglichkeit, nicht nur unseren Charakter, auch unsere Intelligenz zu schulen, denn subjektiv am intelligentesten sind wir, wenn wir „voll da", entspannt, ruhig und aufmerksam sind. Und wenn unsere Kräfte mit den Energien der Nahrung in Harmonie verschmelzen, strömen alle Kräfte frei und wir fühlen uns wohl. Auch Seele und Geist wollen genährt werden durch das ästhetische Anrichten der Mahlzeit in einer entspannten Atmosphäre.

Fasten wir oder üben wir uns in mäßiger Zurückhaltung, so ist wesentlich, daß wir keine Verzichtseinstellung erwerben, sondern uns den Gewinn stets positiv vor Augen halten: mehr bewußte Freude, Genuß, Befreiung von Abhängigkeiten! So wird sich auch unser Leben allgemein in dieser Richtung verbessern!

Durch „Lassen" Freiheit gewinnen!

Nur kurz noch einige Bemerkungen zum Fasten:

Was geschieht beim Fasten seelisch?

Fasten mobilisiert die Giftstoffe im Körper

Wie die meisten Menschen wissen, die bereits einmal gefastet haben, werden beim Fasten die in unseren Körper eingeschleusten Giftstoffe mobil; sie kommen aus den verschiedensten Depots wieder in den Kreislauf – das kann uns müde machen, schlapp, gereizt, deprimiert, häufig bekommen wir sogar Kopfschmerzen, Schweißausbrüche, alte Entzündungsherde können schmerzhaft wieder aufflammen; Rheuma, Schwindelgefühle mögen auftreten, u. a. Entsprechend werden wir uns fühlen.

Fasten macht wach

Doch was geschieht auf seelischer Ebene Besonderes?

– dadurch, daß wir unsere seelischen Unpäßlichkeiten nicht mehr mit Überessen glätten, können uns unsere Probleme plötzlich verstärkt zu Bewußtsein kommen, wir sehen sie wieder, sie tauchen plötzlich auf, wo wir sie so gut verdrängt hatten

Fasten macht ruhig

Fasten macht offen

– indem wir unsere Abgestumpftheit durch das frühere Zuviel bzw. die frühere falsche Ernährung beim Fasten verlieren (so wie man im Radio ein Hintergrundrauschen abdreht), werden wir offener, aufnahmefähiger, sensibler für Reize, was erfordert, daß wir sie auch verarbeiten; deshalb benötigt man in der Fastenzeit viel Ruhe, um auch die Seele reinigen zu können.

Fasten macht frei

Deshalb ist der Zustand des Fastens auch besonders geeignet für ein „Großreinemachen der Seele", etwa auch eine Psychotherapie, da man klarer sieht und empfänglich für Neues wird, aus Altem sich lösen kann.

Fasten macht sensibel

Unsere Sensibilität wird durch das Fasten größer. Aber wir können auch im Alltag eine ähnliche Wirkung erzielen: Durch maßvolle Zurückhaltung beim Essen und tägliche Entspannungsübungen können wir rasch unsere Persönlichkeit weiterentwickeln.

Entspannung hilft uns Altes loszulassen

III. Was ist Krankheit, wann wird ein Mensch krank?

Krankheit ist Mangel an Kraft

Man könnte Krankheit als eine Art Fehlkontakt zwischen uns und unserer Umwelt bezeichnen. Durch Fehleinstellung zu uns selbst bzw. zu unserer Umwelt nehmen wir entweder negative Energien aus unserer Umwelt auf oder geben laufend positive Energien ab, ohne daß wir selbst uns welche nachholen. Dann kommt es letztendlich zu einem Energiedefizit im Organismus. Dieser Prozeß bzw. Zustand des Energiemangels, der Energieminderung besteht lange vor Ausbruch der sogenannten Krankheit, womit wir meist nur das körperliche Symptom bezeichnen. Im Grunde beginnt jede Krankheit mit einem Zustand des Energiemangels und der Unordnung im Körper (deshalb u. a. sind tägliche Entspannungsübungen so wichtig, denn sie bringen unsere körperlichen, seelischen, geistigen Energien wieder in den Ordnungszustand).

Krankheit meldet sich leise an

Den bekannten Zuständen von Unkonzentriertheit, Müdigkeit, Abgeschlagenheit, Schlaflosigkeit, Gereiztheit, Nervosität, Unruhe, Aggressivität, Depression usw. folgen – so nichts dagegen unternommen wird – die sogenannten funktionellen Störungen, also Störungen, die bereits unser vegetatives Zusammenspiel von Gefühl und Körper beeinträchtigen: Herzjagen, Herzstolpern, zuviel / zuwenig Magensäure, Durchfall / Verstopfung, Schmerzen verschiedener Art (zeigen stets ein Zuviel an Energie – also einen Stau – oder zuwenig Energie an), Kopfschmerzen, Rückenschmerzen, etc.

So jetzt immer noch nichts unternommen wird um den Energiemangelzustand auszugleichen, vielleicht sogar im Gegenteil, wir trinken eine Tasse Kaffee mehr gegen die Kopfschmerzen, legen noch eine Zigarette zu, die Angst in uns betäuben wir mit einer Tafel Schokolade, wenn also im Grunde das Fehlverhalten anhält, so wird die funktionelle Störung manifest als Organveränderung: als Magengeschwür, Schleimhautentzündungen, Allergien aller Art, Rheumatismus, usw. d. h. jetzt wird die Störung als Krankheit sichtbar.

Die Natur greift zu immer drastischeren Mitteln, wenn wir nicht auf sie horchen

Wenn man den langen Weg von der bloßen Beeinträchtigung bis zum Ausbruch der körperlichen Krankheit verfolgt, so mag es einen wirklich wundern, daß manche Menschen das Vertrauen haben, ein Arzt könne sie durch ein Medikament, eine Pille, usw. auf der Stelle oder in kurzer Zeit heilen. Stellen Sie sich vor, der ganze Prozeß muß ja wieder rückgängig gemacht werden bis wir wirklich heil sind, d.h. auch seelisch / geistig heil, fröhlich, positiv. Und das braucht Zeit und vor allem Arbeit an uns selbst, die kein anderer für uns tun kann.

Medikamente sind Notmaßnahmen, Heilung kommt aus der von uns selbst geleisteten Arbeit

Heilung ist Kraft von innen!

Früher waren die wohlhabenden Leute noch auf ein bis zwei Jahre zur Kur gefahren, ja, in der Tat würden wir diese Zeit benötigen, um freier zu werden von unseren Abhängigkeiten, die uns kränken, krank machen. Aber wer hat heute die Zeit? So müssen wir uns eben behelfen, indem wir den natürlichen Ablauf etwas beschleunigen, durch vermehrte bewußte Arbeit an uns selbst über die Ernährung und Entspannung als Quellen der Gesundheit und Energiesammlung.

Unsere Abhängigkeiten kränken uns, machen uns krank.

Wir sprechen zwar von sogenannten ernährungsbedingten Krankheiten, anderen Krankheiten, und solchen, die eine seelische Ursache haben. In Wirklichkeit sind alle ein und dasselbe: „Krankheit" im Plural ist genauso sinnlos, wie „Gesundheiten".

Krankheit und Gesundheit sind etwas, was sich auf eine Zustandsform bezieht. Der Körper ist niemals krank oder gesund, da in ihm lediglich die Informationen des Bewußtseins zum Ausdruck kommen. Bewußtsein verhält sich dabei zum Körper wie ein Radioprogramm zum Empfänger.

Krankheit will Beachtung! Aber nicht die Körperbetrachtung, sondern die Beachtung der Seele und Lebensumstände

Krankheit ist demnach ein Entgleisen einer Funktion, was bereits einen materiellen Niederschlag fand. Erst wenn wir Krankheit in diesem Lichte und Zusammenhang sehen, erkennen wir, wie unsinnig es ist, sich auf das Symptom zu stürzen und es zu bekämpfen. Ein Symptom erzwingt von uns Beachtung, da wir durch das körperliche Gebrechen in unseren Abläufen gestört wurden, so daß wir versucht sind, dieses möglichst rasch zu beseitigen. Aber es ist ein Signal, welches uns etwas bedeuten, sagen will, und die Art des Symptoms ist charakteristisch für unsere jeweilige Fehlhaltung. Das Symptom darf nicht ausgeschaltet werden, es muß in der Behandlung überflüssig werden. Ein Arzt fragt uns häufig: „Na, wo fehlt's denn?" In der Tat, das wäre die richtige Frage. Aber als Antwort wird meist nicht erwartet, daß wir ihm erzählen, was uns wirklich fehlt – meist verdrängen wir es – sondern wir zeigen unseren Leib her. Hat ein Mensch einmal den Unterschied zwischen Krankheit und Symptom begriffen, so wird sich sein Umgang mit der Krankheit ändern und er wird sie anstelle zu bekämpfen, annehmen können; das wird ihm helfen, das Fehlende zu finden und sein eigentliches Kranksein zu überwinden.

Was fehlt uns wirklich?

Unserer inneren Wahrheit ins Auge blicken!

Heil werden heißt bewußt werden, dazulernen!

Jetzt wird das Symptom zu einer Art Lehrer, der hilft, uns um unsere Entwicklung und Bewußtwerdung zu kümmern, und der auch viel Strenge und Härte zeigen kann, wenn wir dieses unser oberstes Gesetz mißachten. Krankheit kennt nur ein Ziel: Uns heil werden zu lassen.

Dabei kann uns das Symptom in seiner Symbolsprache sagen, was uns fehlt, wenn wir es zu deuten lernen und nach innen lauschen. So werden wir zwar bei zuviel Alkohol einen Leberschaden davontragen, aber es ist eben nicht die „böse" oder schwache Leber, die „Schuld" hat, sondern das, was uns systematisch so unter Streß setzt, daß es unser Leben vergiftet, genauer: Daß wir unser Leben vergiften. Die Leber schafft lediglich die Aufgabe der Entgiftung, nicht mehr, und der Alkohol ist nur ein Werkzeug für unsere innere Haltung.

Ebenso verhält es sich mit Verdauungsproblemen, etwa bei zu großem Genuß von Süßigkeiten – natürlich ist dann die Darmflora ruiniert – aber ich muß mich fragen, wo ist mein Leben so bitter, daß ich ständig Süßes brauche?

Oder bei Übergewicht: Wo liegt mein eigentlicher Energiemangel, den ich durch zu große (scheinbare) Energiezufuhr kompensieren möchte? Wer oder was entzieht mir ständig Energie?

Das medizinische Phänomen der „Selbstvergiftung“ über den Darm ist bekannt: Eine nicht mehr funktionsfähige Darmflora läßt die Giftstoffe in den Körper, statt sie auszufiltern und abzuführen. Aber in Wahrheit sind wir es, die sich selbst vergiften, das Essen, das wir dazu gewählt haben, um den Zustand sozusagen herzustellen, ist dabei nur Werkzeug, Mittel.

IV. Was tun?

Selbstüberwindung macht uns gesund!

Um auf Dauer zu gesunden, bzw. gesund zu bleiben ist ständige Arbeit, Arbeit an uns selbst vonnöten. Wer ab und zu eine Kur macht, um etwas „Gewicht“ zu verlieren, befindet sich noch ganz am Rande des Problems. Es geht nicht um Kilos auf oder ab, oder die jeweils modische Silhouette, es geht um viel mehr: um die tatsächliche Lebensqualität, die wir erleben bis in unsere Tiefen hinab, wo keine Lüge mehr Raum hat und wir uns vormachen können, wir seien jetzt glücklich, weil wir weniger wiegen. Was uns aber tatsächlich glücklich macht, ist die Leistung der Selbstüberwindung, des Dazulernens, des Loslassens, die dahinter stand. Für nichts erhalten wir nichts im Leben, die Natur läßt sich nicht betrügen.

Wer nach einer Kur in den Alltag geht und weitermacht wie bisher, der wird vielleicht wieder kommen, jedoch kränker als er war.

Bewußte Ernährung!

Regelmäßige Entspannung!

Selbstbesinnung!

Zusammenfassung:

Wie können wir im Alltag an uns selbst arbeiten, um uns in die seelische Gleichgewichtslage immer wieder einzupendeln, welche der Garant für dauernde Gesundheit ist?

Körper, Seele und Geist sind eine Einheit. So wie der Geist auf den Körper wirkt, beeinflußt auch das Körpergeschehen unseren Geist.

Mit Hilfe der Ernährung können wir unsere Stoffwechsellage verändern und steuern, können uns nervös, reizbar, oder depressiv machen, aber auch ausgeglichen und fröhlich. Denn die Ernährung beeinflußt unsere Gemütslage.

Wer bewußt und in Ruhe zu essen übt, der übt seinen ganzen Charakter in dieser Richtung, er wird lernen, alle Dinge bewußt und mit einer gewissen inneren Distanz zu tun.

Die bewußte Ernährung bedarf heute bereits einer Ergänzung: der regelmäßig geübten Entspannung. Auch die Entspannungsübungen führen uns über das Loslassen unserer Fixierungen zu mehr Bewußtheit.

Außerdem sollten wir noch durch Selbstbesinnung Einsicht in uns selbst gewinnen, lernen, der Wahrheit unserer Probleme ins Auge zu sehen – dies ist bereits der erste Schritt zu ihrer Lösung!

DIE ANGST
ALS URSACHE FALSCHEN ESSENS

INHALT

Die Angst als Ursache falschen Essen

„Die Verwirklichung der Gesetze beim Essen ist die höchste vom Menschen geschaffene Kunst. Durch sie kann man Freiheit erringen und Freiheit verwirklichen. Dadurch kann der Mensch Leben und Tod erkennen und um sein ewiges Leben wissen.“ [17]

Michio Kushi

Gefühle beeinflussen, was wir essen, wie wir essen und wie uns das Essen bekommt.

Ich möchte Ihnen in diesem Vortrag eine Vorstellung davon geben, wie eng der Zusammenhang zwischen unseren Gefühlen und dem Eßverhalten ist. Darum zu wissen ist vor allem deshalb wesentlich, damit wir auf unsere Gefühle achten, ehe wir impulsiv und unbewußt zum Essen greifen. Denn so wie wir uns fühlen, werden wir essen. Sind wir z. B. in Hast, Unruhe, Eile, so schlägt sich das sofort auf unser Eßverhalten nieder. Wir werden einmal unbewußt dazu neigen, etwas zu wählen, was uns nicht gut bekommt, da, wenn wir unbewußt sind, wir grundsätzlich dazu neigen, unseren niederen Antrieben und Impulsen nachzugeben, und zum zweiten wird uns das, was wir in einem solchen Zustand zu uns nehmen – und sei es das beste biologische Essen – in jedem Falle nicht bekommen. Da bei „negativen Gefühlen“ wie Angst, Aufgeregtheit, Zorn etc. stets die Verdauung blockiert ist.

Negative Gefühle blockieren die Verdauung

Der Einfachheit halber werden wir sämtliche Gefühle in zwei Grundgefühle einteilen: Gute Gefühle = Gefühle der Liebe; negative Gefühle = Gefühle der Angst. Wobei entweder das eine oder das andere Gefühl vorherrscht. Wo Angst ist, kann nicht Liebe sein – und umgekehrt. Befreiung ist, wenn es uns gelingt, unsere Angst in Liebe umzuwandeln, das könnte – und sollte vielleicht sogar – unsere Lebensaufgabe sein. Denn Angst ist zerstörend, falls wir von ihr beherrscht werden. Deshalb möchte ich darüber sprechen, wie sich Angst auf unser Eßverhalten auswirkt.

I. Woher kommt überhaupt Angst?

Angst ist natürlich

Ein jeder von uns kennt Angst. Schon als Kind haben wir Furcht vor dem Unbekannten, dem im Leben noch nie Erfahrenen. Sie stiehlt sich durch unzählige kleine und größere Ereignisse unseres Lebens, und mündet schließlich in die Furcht vor dem großen Unbekannten, dem Tod. Angst ist zutiefst natürlich, wir haben sie von unseren vormenschlichen Vorfahren geerbt. Je geringer die Intelligenz eines Organismus ist, desto mehr braucht er die Angst noch für sein Leben. Denken Sie an die Tiere: Sie müssen noch den Waldbrand „sinnlich" erfassen, um zu wissen, was sie tun sollen, nämlich entfliehen. Der weiter entwickelte Mensch braucht nur noch darum zu wissen, um die rechten Maßnahmen einzuleiten, die Feuerwehr zu verständigen, etc.

Bewußtheit und Angst sind unvereinbar

Es ist auch umgekehrt: Je weiter entwickelt wir sind, je mehr wir bereits vorhersehen können, desto weniger benötigen wir noch bestrafende Erfahrung, um das Richtige zu tun. Ein Kleinkind zum Beispiel braucht noch die schmerzhafte Erfahrung der heißen Herdplatte, um nicht mehr hinzulangen. Später können wir den Begriff „heiß" schon verallgemeinern und wir müssen nicht alles nachprüfen und uns erst verbrennen, ehe wir davon ablassen.

Angst hat Sinn – wenn wir sie bewältigen

Biologisch gesehen hat Angst einen Sinn: Sie soll unser Leben schützen. Stellen Sie sich vor, Sie gingen ohne Angst mit der vertrauensvollen Erwartung, jedes Auto bliebe stehen, über eine dichtbefahrene Straße. Sie hätten sicherlich geringe Überlebenschancen. Doch ist Angst nur dann und nur solange sinnvoll, als sie in so kleinen Dosen auftritt, daß wir sie noch bewältigen können, anders ausgedrückt, sie uns zu sinnvollem konstruktivem Handeln ansporrnt. Aber meist ist unsere Angst so stark, daß wir dieses unangenehme Gefühl von Spannung am liebsten nicht wahrhaben wollen, es rasch ins Unterbewußtsein verdrängen, wo es dann aber unsere Handlungen in zerstörerischer Weise bestimmt. Nur wenn wir uns unserer Ängste bewußt werden, können wir sie bewältigen, und werden sie auch nicht unsere Handlungen steuern, was stets negative Auswirkungen mit sich bringt. Unbewußte Angst beeinflußt auch unser Eßverhalten.

II. Was ist das für ein Zustand – Angst?

Der Tor hat keine Angst und der Weise hat keine Angst

Als Foetus sind wir eins mit der Mutter und über sie mit der Welt. Mit dem Urvertrauen des Foetus beginnt unser Leben – und endet – im Idealfall – mit dem abgeklärten Vertrauen des Greises, welcher eines schönen Todes stirbt. Im Mutterleib sind wir noch unbewußt geborgen, wir sind daher noch ohne Angst. Als Greis haben wir in einem weiten Weg das Leben kennen – und vielleicht auch verstehen gelernt, so sind wir dann wieder ohne Angst. Doch in der Zeit dazwischen entkommt ihr keiner; wir können nur Wege suchen, sie aufzuspüren und zu bewältigen.

Angst aktiviert all unsere Kräfte

Physiologisch gesehen ist Angst ein Zustand hoher Erregung als Vorbereitung auf Schmerz, Stillhalten (Totstellreflex), Flucht oder Kampf. Angesichts einer Gefahr oder in einem durch Konflikt ausgelösten Zustand der Angst gehen verschiedene Veränderungen in unserem Körper vor sich. Um nur einige zu nennen: Ein bestimmter Teil unseres Nervensystems wird aktiviert, der sogenannte Sympathikus; Hormone werden in die Blutbahn ausgeschüttet, die Muskeln ziehen sich zusammen, um uns kampf- oder fluchtbereit zu machen, die Blutgefäße werden verengt, der Blutdruck steigt; Verdauungs- und Sexualfunktionen werden stillgelegt. So werden alle Kraftreserven mobilisiert; es entsteht ein hoher Grad an Wachheit, doch ist die geistige Tätigkeit eingeschränkt auf unmittelbare Reaktionen, bewußte Denkprozesse werden sogar blokkiert, da lange Überlegungen uns am notwendig blitzartigen Handeln hindern können. Kurz: Unter Sorgen vergeht uns der Appetit, die Freude an der Liebe, und wir können uns schlecht konzentrieren. Alle Sinne drängen uns, etwas zu tun, daß der Urzustand der Angst sich verringert.

Verdrängte Angst führt zu Ersatzreaktionen

Diese beschriebenen Zustände haben wir mit den Tieren gemeinsam. Aber vielleicht haben Sie sogar Gegenteiliges feststellen müssen, daß Sie unter

Angst geradezu übermäßigen Appetit, vor allem auf Süßes, entwickelten, die körperliche Nähe Ihres Partners besonders stark suchten, und daß Sie anstelle von erhöhter Wachheit nur dumpfe Depression fühlten?

Dies hat seinen Grund darin, daß der Mensch schon ein wenig der Natur „entrückter" ist, und er in seinen Antriebskräften plastischer, verschiebbar ist; d.h. er kann das eine Bedürfnis durch ein anderes gleichsam ersetzen, „kompensieren". Ohnehin nur unter Verlust seiner Gesundheit und Lebensqualität, doch vorerst scheint es ein Gewinn.

Beispiel: Man kommt abends nach Hause, fühlt sich müde, ausgelaugt und leer; gar mancher stürzt sich darauf zum Kühlschrank, um sich zu „füllen"; die vorher empfundene Unlustspannung der Einsamkeit ist jetzt weg (gegessen), es bleibt noch der Ärger über den „zu dicken Bauch", der aber viel leichter zu ertragen ist, als das Eingeständnis der wahren Gefühle!

Die Angst aber, sie bleibt, sie wurde nur zugedeckt – abreagiert – doch kehrt sie wieder, und größer und mächtiger!

Angst kann chronisch werden, wobei sie – weil und wenn – sie unbewußt ist, unseren ganzen Charakter zu bestimmen beginnt!

III. Gefühle und Eßgewohnheiten

Gefühle beeinflussen unser Eßverhalten

„Ich hab' Dich zum Fressen gern", deutlicher als jede Theorie sagt uns der Volksmund, wie unmittelbar der Zusammenhang zwischen Essen und Gefühl ist. So setzen wir uns oft mit den unterschiedlichsten Gefühlen zum Essen, die Palette reicht von angenehmer Angeregtheit und Wohlbefinden hin bis zu tiefster Traurigkeit und Depression. Das Tier reagiert noch direkt: ist es traurig, frißt es nicht. Erst der Mensch kann das eine, teilweise durch das andere ersetzen: wir leben von „Luft und Liebe" manchmal, und greifen zum Kühlschrank, wenn wir uns im Innern leer fühlen. Essen müssen wir alle,

„Essen" war stets mit Werten, Tabus, Religion, etc. verbunden

Magersucht – Produkt einer Intellekt betonten ent-erotisierten gefühlsarmen Gesellschaft

doch gibt es keine menschliche Gesellschaft, in der nur gegessen wird, um Körperfunktionen aufrechtzuerhalten. Immer ist Nahrungsaufnahme auch mit Sitten, Werten, Tabus, Religion und Ähnlichem verbunden.

Um Essensprobleme in unserer Gesellschaft verstehen zu können, ist es notwendig zu sehen: von welchen Vorlieben, Idealen und Ängsten werden wir schon von früher Kindheit an geprägt!

Denken Sie an das frühere Ideal der Fettsucht, oft dargestellt in Gemälden von Rubens etwa, oder z. B. an arme Völker, wo Beleibtsein ein Zeichen für wohlhabend ist. Und denken Sie an das Ausbrechen der sogenannten Magersucht = Anorexia Nervosa heute, das typische Produkt einer gefühlsarmen enterotisierten technokratischen Gesellschaft, wo gerade eckige Körperformen die Vormacht des Intellekts vor dem Sinnlichen zum Ausdruck bringen sollen. So haben ganze Völker ihre besonderen Eßkulturen und entsprechend auch ihren Volkscharakter. Dieser hängt natürlich auch mit der klimatischen Bedingtheit zusammen.

Auch ein Zusammenhang zwischen persönlichem Charakter und Eßvorlieben konnte festgestellt werden: so fand man z. B., daß Menschen mit starkem, explosivem Temperament, die gerne und schnell handeln, meist ausgesprochene Fleischesser sind, die auch gerne scharf würzen.

Gefühlsbetonte hingegen, mit eher „weicher Natur" haben mehr Vorliebe für Süßigkeiten, und Intellektuelle, geistig Arbeitende oft für Salziges.

Selbstverständlich läßt sich das nicht so einfach verallgemeinern, in Wirklichkeit ist das Geschehen oft sehr viel differenzierter. Dennoch ist die Beziehung zwischen Charakter und Eßgewohnheiten sehr eng.

So lassen sich Eßgewohnheiten als „Stufen des Essens" charakterisieren, die von der „primitivsten" Eßweise bis zur „Freiheit" beim Essen reichen. [18]

1. Mechanisches Essen:

Dem entspricht z. B. die Art der Nahrungsaufnahme im Mutterleib, ohne Bewußtsein oder besonderes Verlangen. Als Erwachsene tun wir dasselbe, wenn wir abends heimkommen, automatisch zum Kühlschrank gehen und etwas „in uns hineinstopfen". Oder aber auch, wenn wir Punkt 12.00 Uhr mittags oder 18.00 Uhr abends essen, auch wenn wir keinen Hunger haben.

„Automatisches" Essen nach äußeren Gegebenheiten

2. Das sinnliche Essen:

Es beginnt mit der Entwicklung unserer Sinne nach der Geburt. Wir entwickeln Vorlieben für Geschmack, Geruch, Farben, Beschaffenheit der Nahrung. Die Industrie macht z. Zt. die größten Geschäfte damit, weil sie sich ganz darauf einstellt, alle möglichen sinnlichen Genüsse zu wecken, und sich die Mehrheit der Bevölkerung auf dieser Stufe befindet. Wie das mechanische Essen zerstört auch das sinnliche Essen unsere Gesundheit.

Essen nur nach dem sinnlichen Genuß

3. Das sentimentale oder emotionale Essen:

Wir tun oft das, wenn wir mit Freunden zusammen ausgehen, aus Gründen der Geselligkeit und bei Kerzenbeleuchtung wird das Essen besonders zelebriert, so daß wir auch oft dann essen, wenn wir keinen Hunger haben. Hierher gehört auch das Essen bei Verwandten und Bekannten, wenn wir etwas essen, um ihnen einen Gefallen zu tun. Ca. 99 % der Menschen essen auf diesen 3 Stufen!

Zweckhaftes Essen als Mittel zu Gemeinsamkeit, Geselligkeit

4. Das intellektuelle Essen:

Das ist gegründet auf empfohlene Ernährungsweisen und Diätspezialisten, es ist z. Zt. in den USA am populärsten, wo diverse Diätwissenschaftler Programme „ausgetüftelt" haben, welche jeweils unter bestimmten Gesichtspunkten gerade erklommener wissenschaftlicher Ergebnisse laufen (Kalorienzählen, Nährstoffe berechnen, Ballaststoffe berücksichtigen, etc.). Abgesehen davon, daß diese Ernäh-

Verstandesbetontes Essen

rungsweisen typische Zwangsprodukte einer „kopfgesteuerten“ Gesellschaft sind und unsere Kopflastigkeit noch verstärken, schaden uns diese meist einseitigen Ernährungsweisen sogar, und können außerdem niemals von der Mehrheit der Bevölkerung durchgeführt werden, sie sind zu kompliziert.

5. Das soziale Essen:

Bewertung vor allem nach dem Gesichtspunkt des volkswirtschaftlichen Nutzens – nicht nach der Volksgesundheit

Das soziale Essen beginnt dort, wo wir das Essen im Zusammenhang mit den volkswirtschaftlichen Konsequenzen sehen. Dieses Konzept hat sich erst in jüngerer Zeit entwickelt, insbesondere mit dem Aufkommen des Sozialismus und Kommunismus. Auch diese Art des Essens ist jedoch nicht unbedingt als ideal zu bezeichnen, da der Akzent mehr auf der Quantität als auf der Qualität liegt.

6. Das ideologische Essen:

Ausrichtung des Essens nach einzelnen Persönlichkeiten

Hierher gehören alle religiösen Ernährungsvorschriften, wie sie z. B. von Moses, Buddha, u. a. entworfen wurden. Doch beziehen sich diese meist auf die unmittelbare Umgebung, in welcher die Meister wirkten, und können nicht für die ganze Welt mit ihren unterschiedlichen klimatischen Zonen gelten.

7. Das „freie“ Essen:

Verstand und Gefühle sind eins geworden: Wir haben gelernt das Essen zu lieben, das uns guttut

Wenn wir diese Stufe erreicht haben, so heißt das, daß wir genau darauf Appetit haben, was uns auch „objektiv“ am besten bekommt (Unfrei sind wir noch, wenn wir die Straße meiden müssen, in der eine Konditorei ihre Backdüfte verströmt . . .). Diese Stufe erreichen wir meist nur in einem Lernprozeß. Können wir frei essen, so sind wir auch anpassungsfähig an unterschiedliche klimatische Zonen; wir werden in heißen Zonen andere Nahrungsmittel zu uns nehmen, als sie vielleicht im Norden üblich und nötig sind. Trotzdem werden wir in Harmonie mit der Ordnung des Universums essen – und es wird uns bekommen.

Freiheit ist Einwilligung in die universelle Ordnung

Das freie Essen ist nicht ein „chaotisches Durcheinanderessen“, noch aber ein kopfgesteuertes Kalorienzählen und Vitamine–Aufrechnen. Es genügt, daß wir auf dem Weg dorthin in groben Zügen Wert und Unwert von Lebensmitteln kennenlernen, und eine „Eßkultur“ pflegen; dann entwickeln sich Körper, Seele, Geist zur universellen Ordnung hin, so daß wir eins werden in uns selbst, und nicht unser Körper dieses und der Verstand aber jenes will. Ein solches sinnvolles biologisch wertvolles Nahrungsangebot empfehlen z. B. die Mayr-Kur-Richtlinien für die Zeit nach der Kur. D. h., wir sollen einfach, biologisch wertvoll und leicht verdaulich essen, um nur ein Minimum an Giftstoffen im Körper anzusammeln und ein Maximum an Energie zu erhalten.

IV. Angst und Essen

Wir haben eingangs festgestellt, daß unsere Gefühle, mit welchen wir uns zum Essen setzen, entscheidenden Einfluß haben in bezug auf:

1. Die Auswahl, die wir treffen.
2. Die Menge, die wir essen.
3. Die Art, wie wir essen.

RESULTAT: Bekömmlichkeit

Wir haben von den beiden Grundgefühlen der Liebe/Ruhe/Gelöstheit/Entspannung und der Angst/Unruhe/Verkrampfung/Spannung gesprochen.

Unter Angst wählen wir schlecht

1. Die Auswahl der Nahrung wird durch die Angst mitbestimmt

   Essen wir in Angst, so fühlen wir uns automatisch zu den Nahrungsmitteln hingezogen, welche diesen inneren Spannungszustand verstärken (jemand ist 'sauer', etc.); extrem aufgewühlte Gefühle fordern „extreme Speisen“, z. B. scharfe Gewürze, übermäßig salzig, süß, sauer, etc. Es sind aber gerade die Säurebildner, welche uns den besten Nährboden für Krankheit bereiten. In einem destruktiven Gefühlszustand treffen wir die unbewußte Auswahl der Nahrung nach „schlechten Gesichtspunkten“, so daß es uns schwerer fällt an guter gesunder reiner Nahrung Gefallen zu finden, weil ja unser Unbewußtes viel lieber „Zerstörerisches“ essen möchte . . .

2. Die Menge der Nahrung wird durch die Angst mitbestimmt

Angst schränkt unsere Wahrnehmung ein – schnürt uns die Kehle zu oder treibt zu übermäßigem Essen an

Da unsere Wahrnehmungsfähigkeit unter Angst stark eingeschränkt ist (wir nehmen unbewußt nur mehr grobe Reize war, oder solche, die mit unserer Angst in unmittelbarem Zusammenhang stehen), nehmen wir das Essen nur körperlich, aber seelisch/geistig praktisch nicht in uns auf, was zur Folge hat, daß unsere „natürliche Eßbremse" versagt.

Unter Angst sind alle Sinne nach außen gerichtet, wir nehmen sensible Körperempfindungen nicht wahr, so auch nicht das natürliche Sättigungsgefühl, welches sich aus einer Vielzahl von „Reizmeldungen" zusammensetzt: Der Fülle des Magens, dem Gefühl der inneren Kraft und Wärme durch das Ansteigen des Blutzuckerspiegels, der „Sättigung" unseres visuellen Sinnes, nämlich der Augen, welche die Speisen in ihrer Vielfältigkeit oder Monotonie wahrnehmen (bei nur einer Speise auf dem Teller wird oft objektiv mehr gegessen als bei vielen Kleinigkeiten). Manchen Menschen ist bei Angst die Kehle wie zugeschnürt, das ist noch die „natürliche" Körperreaktion – andere „fehlreagieren" seelisch und essen dann sogar über das Maß hinaus.

Entspanntheit beim Essen ist die Voraussetzung für den Sättigungsreflex

Wir fühlen uns trotz „übervollen Bauches" oft nicht satt, da wir psychisch gar nicht in den Zustand des „Aufnehmens" gekommen sind, als dieser der Zustand der Entspannung ist – entgegengesetzt der Angst.

Deshalb ist es so wesentlich, daß wir uns entspannt zum Essen setzen, damit wir auch seelisch die Nahrung aufnehmen, sonst wird sie nicht gut verdaut. Deshalb sollten wir auf jeden Fall Stehbuffees meiden, niemals am Steuer essen, Arbeitsessen so weit als möglich von uns fernhalten bzw. dann nur wenig essen.

3. Die Art, wie wir essen, wird durch die Angst mitbestimmt:
   Hastig, stehend, nebenbei. . .

Wenn wir im Streß bzw. unter einer Angstspannung „nebenbei“ essen, so tun wir dies hastig, lustlos, wir kauen nicht, schlingen oder aber stochern freudlos herum – wir genießen nicht – entsprechend werden keine Verdauungssäfte angeregt – was immer wir essen, es wird uns nicht bekommen, ja im Körper ähnlich wie Gift wirken.

Unsere Gedanken wie unsere Gesten sind dann unharmonisch, unser ganzer Körper gelangt in eine disharmonische Schwingung, die sich auch auf unser übriges Leben auswirkt.

V. Essen als Ventil:

Manchen Menschen vergeht bei einem Problem der Appetit, sie werden von vielen „Problemessern“ häufig beneidet. Andere wiederum verspüren einen fast fatalen Drang zum Essen, sobald sie eine Konfliktspannung in sich spüren.

Der Mechanismus, der bei der zweiten Gruppe abläuft, ist folgender: Wir verspüren das unangenehme Gefühl innerer Spannung, wollen es lossein, und greifen zu Eßbarem, worauf wir gerade Lust haben . . . die Spannung ist scheinbar weg, und damit der unangenehme emotionale Druck. Wir fühlen uns wieder ruhig, sicher. So ruhig und sicher wie als Baby, als wir im Arm der Mutter lagen, wenn wir gefüttert wurden, der Bauch voll war. So ziehen wir nun den Umkehrschluß: Ist der Bauch voll, so sind wir sicher. Mit Sicherheit ein Trugschluß in Anbetracht des im Hintergrund weiter schwelenden Problems – aber das spüren wir vorerst nicht mehr.

Spannung nicht „abreagieren“ durch Essen, sondern aushalten lernen und lösen durch Nachdenken

Die Verbindung „Essen und Angst“ ist meist bereits im Babyalter „entstanden“; ein Grund kann u. a. darin zu finden sein, daß gutmeinende Mütter Schreien ihrer Kinder häufig mit Essensgaben zu stillen versuchen. Dieser einmal gebildete Zusammenhang – „Essen tröstet alles Leid der Welt“ – wird, einmal hergestellt, oft ein ganzes Leben lang nur schwer überwunden.

Essen stillt Angst – nur für den Augenblick. In Wahrheit wird sie größer

Das Problem aber bleibt, die Spannung kehrt wieder, drängt sich nach oben, wobei wir dann

Bei Spannung – Entspannen und nachdenken

oft nach gewohntem Muster es nochmals abdrängen . . . zum selben Ritus des Überessens greifen. So kommt es schließlich zu Übergewicht. Was dabei zu lernen ist, ist der rechte Umgang mit der Energie = Spannung, so daß sie konstruktiv genutzt werden kann zur Lösung des Problems, anstatt sinnlos „abreagiert wird, verloren ist, ja sich sogar gegen uns wendet (psychosomat. Beschwerden, Übergewicht, u. a.). Denn das Problem bleibt nicht nur durch das Verdrängen, es wird größer und mächtiger!

Im übrigen kann nicht nur das Essen, sondern alles Ventil werden, was uns Spaß macht oder Unbehagen und Schmerz wegnimmt: Rauchen, Alkohol, Beruhigungsmittel, Sexualität, Arbeit, Geldsammeln, Medikamente . . . (wenn wir ein Problem erfolgreich ins Körperliche abdrängen, als Kopfschmerz vielleicht somatisiert haben, bekämpfen wir diesen mit Schmerztabletten, anstatt daß wir nachdenken!!!).

VI. Wie können wir Angst überwinden?

Dazu gibt es grundsätzlich 3 Wege, welche der Einheit von Körper / Seele / Geist entsprechen.

1. Der Weg durch den Körper:

Entgiftung des Körpers vermindert Angst

Ein entgifteter und gereinigter Körper ist die beste Grundlage für die Überwindung von Angst. Denn in einem „vergifteten" Körper, dessen Energien „konfus laufen", ist die Reizschwelle stark erniedrigt, d.h. Dinge, Probleme, Konflikte können bereits Angst in uns auslösen, die es normalerweise nicht tun würden. Daher ist das erste, was uns bei Angst helfen wird, eine innere Reinigung, Beruhigung und Ausrichtung unseres Körpergeschehens. Diesen Weg können wir auf zweierlei Arten gehen: Einmal über eine Fastenkur nach Dr. Mayr z. B., welche über die Reinigung des Zentralorgans „Darm" die Umsetzung von körperfremder Energie in körpereigene Kraft – die Verdauung also – erheblich verbessert. Denn die Wiederherstellung der Spannkraft unserer Verdauungsorgane bestimmt in hohem

Rasche Entgiftung: Fasten

Ausmaß, wieviel Energie uns letztlich tatsächlich zur Verfügung steht. Essen bedeutet nicht automatisch, daß wir daraus auch Kraft machen!

Langsame, stete Entgiftung: Biologisch wertvolle Ernährung, Eßkultur

Oder wir können die „langsamere Gangart" einschlagen, welche über eine biologische wertvolle Ernährung unter den Gesichtspunkten leichter Verdaulichkeit (keine denaturierten Nahrungsmittel, Säuren-Basengleichgewicht und soviel als möglich Vollkornprodukte) im Körper die natürliche Ordnung wiederherstellt. Der Vorteil des schnellen Weges ist die schnellere Reinigung, bedeutet allerdings für manchen eine erschwerte Umstellung in eine sinnvolle Alltagskost, denn diese bleibt ihm trotzdem nicht erspart; der Vorteil der langsameren Reinigung ist, daß wir uns seelisch mehr an die Umstellung gewöhnen können und die Schwelle zur Dauerkost niedriger ist.

Die Reinigung bewirkt die Neuordnung des Stoffwechsels

Durch die Reinigung und Entgiftung des Körpers erfolgt eine Neuordnung des Stoffwechselgeschehens und damit des Energieflusses, die einzelnen Körpersysteme (Lymphsystem, Ausscheidungssystem, Entgiftungssystem . . .) spielen wieder synchron zusammen. Der Körper wird wieder ein Organismus, der in sich geordnet ist (Krankheit = ein „Ausscheren" eines Teiles aus der großen Gesamtordnung). Der physiologische Körper und der Energiekörper ordnen sich neu und ziehen den Prozeß des Ballastabwerfens und der Revitalisierung nach sich. D. h. wenn wir auf diese Weise unser „Körpermilieu" ruhigstellen, werden Reize, die von außen, bzw. von innen (Konflikt) auf uns eintreffen, nicht mehr dieselbe Wirkung haben, denn sind wir körperlich stabil, energetisch gut „geladen", so nehmen wir zwar wach Reize wahr, jedoch werden wir sie gut verarbeiten, d. h. integrieren können; sind wir aber körperlich instabil, so stört uns der geringste Lärm, wirft uns das kleinste Problem aus der Bahn (nicht zu verwechseln ist der Zustand der inneren Stabilität mit Abgestumpftheit, wobei wir darin den Reiz nicht bewußt wahrnehmen, doch umso stärker unbewußt (nervös) darauf reagieren z.B. Lärm). Einen Teil unserer Anst bekommen wir bereits über den Körperweg in den Griff.

Auch seelisch werfen wir Ballast ab: Die Reizschwelle wird erhöht, wir werden stabil

2. Der Weg durch die Seele:

Wissenschaftlich objektiv ist die Seele unser Gefühlsbereich, das vegetative Nervensystem.

Ordnung der Gefühle vermindert Angst

Um Anst zu bewältigen, benötigen wir parallel zum Körperweg auch die Beruhigung unserer Gefühle über unsere direkte Einwirkung darauf. Im Zustand der Ent-Spannung bringen wir unsere Gefühle zur Ruhe, auf den sogenannten Nullpunkt. Der Zustand von Entspannung und Angst ist unvereinbar. Wir lernen in der Entspannung umzuschalten vom „Streßnervensystem", dem sogenannten Sympathikus, auf das „Erholungsnervensystem", dem sogenannten Parasympathikus. Wenn wir unsere Muskelspannung lösen (der körperliche Ausdruck von Energieblockierungen / Problemen / Konflikten), müssen wir uns auch seelisch entspannt fühlen. Viele Beruhigungsmedikamente setzen hier an, „nivellieren" allerdings die Persönlichkeit, führen zu einem Zustand der unkontrollierten „künstlichen" oft als wesensfremd empfundenen Ruhe. In der Entspannung lassen wir die Angst los, lassen / lösen uns und werden daher ge-lassen. Die Aufmerksamkeit, die wir in der Entspannung nach innen richten, ist vergleichbar einer „inneren Massage".

Umschalten vom „Streßnervensystem" (Abgabe von Energie) auf das „Erholungsnervensystem" (Aufbau von Energie)

Entspannung setzt blockierte Kräfte frei

Auch setzen wir in der Entspannung die in Muskelverkrampfungen eingeschlossene Energie frei, welche uns dann zur Verfügung steht, d. h. wir gewinnen buchstäblich an Kraft.

Diese Muskelspannung, die auch chronisch werden kann, hat zusätzlich eine schädliche Wirkung auf unseren Körper: Sie wirkt toxisch, d. h. produziert Giftstoffe an den betroffenen Körperstellen und Organen.

3. Der Weg durch den Geist: Das Denken

Ordnung der Gedanken überwindet Angst

Indem wir Körper und Seele gleichsam neuordnen über die Ernährung und Entspannung, schaffen wir auch den besten Boden für gute, konstruktive, klare Gedanken. Auch unsere Gedanken werden zunehmend geordneter, „logischer", beinhalten mehr Spannkraft, d. h. wir bekommen auch ein besseres

Gedächtnis, können Probleme besser durchschauen und daher auch lösen. Wir sollten deshalb auch den Entspannungszustand dazu nutzen, unsere Gedanken zur Ruhe kommen zu lassen, uns mit unseren Problemen und Konflikten zu konfrontieren, sie in Ruhe und Gelassenheit anschauen zu lernen, so daß sie einer echten konstruktiven Lösung zugänglich werden. Erst im entspannten, gelösten Zustand können wir unsere Aufmerksamkeit voll nach innen wenden und so Einsicht in uns selbst gewinnen, uns unserer Ängste und Probleme bewußt werden – das ist auch die Voraussetzung für ihre Lösung!

Zusammenfassung:

Angst ist zutiefst natürlich, sie ist in jedem von uns mehr oder weniger, außer wir hätten in abgeklärter Weise bereits den Tod überwunden. Dennoch ist ihre Bewältigung eine täglich an uns herantretende Aufgabe.

Die 3 Wege dazu führen über Körper / Seele / Geist. Damit unsere Angst nicht unbewußt auf unser Eßverhalten einwirkt, sollten wir wenigstens als Minimalprogramm vor jeder Mahlzeit eine Minute entspannen, damit Körper wie Seele in einen Aufnahmezustand kommen (Angst = Enge = Verschlossenheit).

Wollen wir aber die große Angst, unsere Angst vor dem Tod überwinden, werden wir wohl mehr an uns arbeiten müssen. Im Prinzip jedoch würde es genügen, uns täglich, stündlich, ja minütlich ihrer bewußt zu sein, so wie uns eine kleine Begebenheit aus alter Zeit hinweist: [19]

Uwais, ein Zeitgenosse Mohammeds, wurde gefragt: „Wie fühlst Du Dich?“ Er sagt: „Wie einer, der am Morgen aufgestanden ist und nicht weiß, ob er am Abend tot sein wird.“ Der andere sagte: „In dieser Situation sind aber alle Menschen.“ Uwais sagte: „Schon, aber wie viele von ihnen fühlen es?“

DIE ERNÄHRUNGSUMSTELLUNG IM ALLTAG

INHALT

Die Ernährungsumstellung im Alltag

„Krankheiten befallen uns nicht aus heiterem Himmel, sondern entwickeln sich aus täglichen, kleinen Sünden wider die Natur. Wenn diese sich gehäuft haben, brechen sie scheinbar auf einmal hervor."

Hippokrates

Ich möchte Ihnen in diesem Referat Hilfen dafür geben, wie Sie auf eine angenehme, leicht durchführbare Weise Ihre Ernährung im Alltag zum Besseren umstellen. Sei es, daß Sie gesünder leben wollen oder daß Sie gerade eine Fastenkur gemacht haben: Was wir täglich tun, das zählt!

Nach einer Fastenkur ist es wohl das Wichtigste, daß wir den Erfolg im Alltag beibehalten. Dies ist aber mit Sicherheit nur dann möglich, wenn wir aktiv unsere Eßgewohnheiten ändern. Das große psychologische Problem bei einer ärztlich kontrollierten Fastenkur ist, daß wir uns für kurze Zeit ganz in die Arme einer Autorität begeben, uns ganz führen lassen, uns wie einem Kind alle Selbstverantwortung abgenommen wird. Dann aber zuhause ist uns urplötzlich die ganze Last wieder aufgebürdet, und wir sollten auf einmal den Dingen Widerstand leisten, denen wir bisher nicht widerstehen konnten.

Was wir täglich tun, zählt!

Obwohl eine Kur unter kontrollierten Bedingungen nur zu empfehlen ist, ist es meist der Schritt in den Alltag, der so manchen wieder straucheln läßt. Anfänglich sind wir noch voll Schwung und neu gewonnener Energie, halten uns vielleicht noch an die eine oder andere gute Regel, und ersetzen das eine oder andere Glas Wein durch Mineralwasser.

Doch je weiter das wohltuende Kurhaus, das die Dinge für uns ordnete, in die Vergangenheit versinkt, desto schwerer wird es uns fallen, momentanen Umgebungsreizen zu widerstehen, wie Sahnetorte, Alkohol, Nikotin, Kaffee, etc. Das Fatale daran ist, daß durch allmähliche, sich summierende scheinbar „kleine Sünden" unser Körper energetisch schwächer und schwächer wird – und damit auch unsere seelischen Kräfte – so daß unsere Widerstandskraft verführerischen Dingen gegenüber mehr und mehr abnimmt, und wir oft sogar letzten Endes resigniert aufgeben, mit Blick auf den Kalender für die nächste Kur.

Fasten ersetzt nicht richtiges Essen

So gut fast jedem Menschen eine Fastenkur von Zeit zu Zeit bekommt, so sollte sie doch nicht Ersatz dafür sein – und sie kann das auch nicht leisten – daß wir das Jahr über körperlich / seelisch abbauen, um dann für vier Wochen wieder aufzutanken.

Diese Rechnung geht auf Dauer nicht auf. Die Schäden, die wir durch eine krankmachende Lebensweise (falsche Ernährung plus Streß – beides schlägt sich unmittelbar auf das vegetative Nervensystem und die Verdauungsorgane im Magen/Darmbereich) davontragen, sind stets Dauerschäden, sie können nicht mehr grundsätzlich geheilt, sie können nur unter Kontrolle gebracht werden. Dazu aber ist Ihre aktive Mitarbeit vonnöten!

Das Ziel muß sein: Immer gesünder, immer froher, immer freier!

Ich möchte Ihnen deshalb in diesem Vortrag Hinweise geben, die Sie bitte alleine durchführen müssen: Wie Sie von der Kur in den Alltag gehen sollten, was Sie tun können, um Ihre Erneuerung, die Sie hier erfahren haben nicht nur beizubehalten, sondern auch im Alltag gesünder und gesünder zu werden.

I. Vom Sinn der Ernährung

Verfügbare Energie = Nahrung + Verdaukraft

Es ist sicher nützlich, wenn wir uns einmal Gedanken über das scheinbar Selbstverständliche machen und uns fragen: Was ist eigentlich der Sinn der Ernährung? Der Sinn der Ernährung ist, daß wir uns Energie zuführen, also durch das Essen uns ein Plus an Energie zur Verfügung steht. Häufig ist aber genau das Gegenteil der Fall, und gerade durch das Essen sind wir chronisch müde und lustlos, ja, in einem deutlichen Energiemangelzustand! Woher kommt das?

Das, was uns gleichsam „unter dem Strich" an Energie zur Verfügung steht, ist nämlich abhängig davon, was wir essen, also der Güte der Nahrungsmittel, plus unserem Verdauungsvermögen, unserer Verdaukraft.

„Effektiv" essen!

Deshalb sollten wir grundsätzlich bei der Auswahl der Nahrung darauf bedacht sein, daß wir sozusagen „effektiv" essen, d. h. daß das Essen, die Energie, die wir aufnehmen, so ist, daß wir sie möglichst rasch in körpereigene Kraft umsetzen können – sonst wird sie meist zu „Körperfett" umgewandelt, bzw. führt beispielsweise zur Übersäuerung der Gewebe (Rheuma), Gelenke (Arthritis), und in Organen (Steinbildung u. a.) abgelagert, was zu den bekannten Abnutzungserscheinungen führt.

Nach 14 Uhr leicht verdaulich essen!

Auch die Tageszeiten spielen bei der Umsetzung der Nahrung eine große Rolle: Am Morgen, wenn wir noch ausgeruht und voll innerer Spannkraft sind, können wir besser „umsetzen", d. h. Schwerverdauliches in Energie umwandeln, die uns verfügbar ist. Vielleicht haben Sie auch schon festgestellt, daß Sie am Morgen selten verführbar sind zu allerlei Schleckereien, sei es zu Sahnetorte, Schokolade oder Sonstigem. Das ist so, weil wir noch viel Energie in uns haben, also sind wir nicht so steuerbar von außen. Je weiter aber der Tag fortschreitet, desto müder werden wir seelisch wie körperlich, und desto anfälliger für Versuchungen. Gehen wir in solch einem ermüdeten Zustand zu Tisch, greifen wir leichter zu einem „fettriefenden" Schweinebraten mit dicken belastenden Saucen, womöglich auch noch einem Krautsalat mit Speck dazu, etc. Dadurch wird aber nicht nur unser Organismus schwer belastet – uns Energie geraubt – sondern unsere Körperkräfte sammeln und stauen sich gleichsam im Bauch, so daß wir nur dann, wenn wir uns „vollgeschlagen" haben, uns satt, bzw. zumindest an dem Punkt fühlen, wo wir aufhören zu essen. Wir sind es dann einfach gewöhnt, ein buchstäblich „nach unten ziehendes Gewicht" im Bauch zu tragen, die vielfältigen Fehlhaltungen wie sie uns Dr. Mayr so plastisch vor Augen führt, zeugen davon.

Ermüdung und Mangel an Energie verleiten uns dazu, momentanen Außenreizen nachzugeben

Am Nachmittag und gegen Abend zu läßt die Verdaukraft zunehmend nach. Wir sollten dies bedenken

Dr. med. Erich Rauch: **„Die Darmreinigung“** nach Dr. med. F. X. MAYR, Karl F. Haug Verlag, Heidelberg

und schwerer Verdauliches, falls überhaupt, morgens oder spätestens mittags zu uns nehmen.

Müdigkeit am Morgen ist meist Verdauungsmüdigkeit

Häufig fühlen sich Menschen am Morgen vollkommen erschlagen und „verkatert“, so, als hätten sie die ganze Nacht Schwerarbeit geleistet und in der Tat ist es so: Die Verdauungsorgane wurden durch ein schweres und oft spätes Abendessen vollkommen überfordert, so daß sie die Aufarbeitung der Stoffe nicht mehr leisten konnten, Kohlehydrate werden so leicht zur Gärung gebracht, zersetzt, Eiweisse „faulen“ im warmen, nachts kaum bewegten Darm. Die dadurch produzierten Toxine (Giftstoffe) gelangen über die meist stellenweise entzündliche Darmwand in den Blutkreislauf und beeinträchtigen unsere Vitalkraft. Vielfältige Unpäßlichkeitserscheinungen, mitunter sogar schwere Organerkrankungen sind die Folge.

II. Zur Änderung von Gewohnheiten, insbesondere Eßgewohnheiten

Wenn wir ernsthaft unsere Eßgewohnheiten umstellen wollen, sollten wir uns klar sein in Bezug auf drei Dinge:

1. Unsere Motivation – der Beweggrund
2. Über das Ziel – was wollen wir erreichen
3. Über den Weg – die Methode

1. Die Motivation

Unzufriedenheit bis Schmerz motiviert uns zur Änderung

Der häufigste Beweggrund dafür, daß wir etwas an unserem Leben ändern wollen, ist im weitesten Sinne der Schmerz. Vielleicht ist er körperlicher oder mehr seelischer Art; oder wir stellen fest, daß wir häufig krankheitsanfällig sind, oder müde, lustlos, apathisch, unkonzentriert, wenig belastbar und leistungsfähig, oder aber sich einfach nur unsere Probleme häufen. Da ja ein jedes Problem auch einen körperlichen Niederschlag hat, können wir über die Gesundung unseres Körpers viel Energie erhalten, so daß wir auch auf seelisch / geistiger Ebene das Problem besser lösen können.

Energie hilft uns Probleme lösen

Wir dürfen davon ausgehen, daß jede Krankheit, ein jedes Problem in irgendeiner Form mit Energiemangel zu tun hat.

Das vielen von uns bekannte Problem Überessen / Abnehmen stellt einen „Teufelskreislauf" dar:

Die unglückliche Situation einer „Eßsüchtigen" ist, z. B. durch diese authentischen Worte gut gekennzeichnet: „Essen macht mich müde und lustlos, es ist wie ein Stück Sterben . . .".

Dies sind charakteristische Worte einer, die weiß, was Dicksein heißt: Diät, Hunger, Qual, Rückfall, Scham – hoffnungslos . . . neuer Anlauf: Diät, Hunger . . . usw.

Negative Gefühle, die verdrängt werden, verstärken die Eßlust bei vielen Menschen

Der Kreislauf ist sehr oft wie folgt:

- es besteht ein seelischer Konflikt – die dabei auftretenden Gefühle werden verdrängt: Es wird zum Essen gegriffen, anstatt die meist unangenehmen Gefühle zuzulassen und zu verarbeiten
- körperliche Schädigung als Folge falschen Essens, fehlverdaute Nahrung wirkt schädigend, krass gesagt wie Gift
- Rückwirkung der fehlverdauten Nahrung auf Seele/Geist als Depression, Gereiztheit, Aggressivität usw. bis hin zur Krankheit
- zusätzliche seelische Spannung, weil mit der Disziplin im Essen gebrochen wurde, Schuldgefühle
- Diese Spannung kommt nun zum ursprünglichen Konflikt, zum körperlich verschlechterten Zustand hinzu und der Konflikt vergrößert sich, weil man sich noch schwächer fühlt und siehe oben: Der Kreislauf ist geschlossen.

Die Motivation aus diesem „Teufelskreis" zu entkommen, ist meist klar: wir wollen uns besser fühlen!

2. Das Ziel

Frei essen ist Appetit darauf zu haben, was uns auch guttut

Unser letztliches Ziel sollte sein, „frei zu essen", d.h. nicht, daß wir nun alles chaotisch durcheinanderessen können, was sich uns gerade so anbietet. Es heißt vielmehr, daß wir gerade darauf Appetit haben, was uns auch objektiv guttut (wo, mit Kant, das Sollen zum Wollen geworden ist!). Dieses Ziel erreichen wir nur darüber, daß wir beginnen, eine bewußte Auswahl aus der Nahrung zu treffen. Die entsprechenden Richtlinien erläutere ich später.

3. Der Weg – die Methode zur Umstellung unserer Eßgewohnheiten

Als erstes sollten wir uns von dem Gedanken trennen, daß so, wie wir bisher gegessen haben, „normal" ist. Auch wenn alle unsere Bekannten und Freunde so essen. Achten Sie bitte auf den Sprachgebrauch des Wortes „normal", nehmen wir es unter die Lupe:

Norm ist, was die meisten Menschen tun, aber nicht, was sie tun sollten!

Wir finden es normal,
- wenn wir im Gasthaus die Speisekarte nur danach betrachten, was unsere Sinne im Augenblick reizt
- wenn wir essen bis wir nicht mehr können
- wenn wir zwischen den Mahlzeiten, wenn uns jemand etwas anbietet, bedingungslos zugreifen
- daß wir, wenn uns die Arbeit oder persönliche Belastungen frustrieren, mehrere Tassen Kaffee trinken, Süßes schlecken, oder wenigstens so richtig „gut" essen gehen
- wenn wir noch spätabends zum Kühlschrank wandern, weil wir nicht schlafen können
- wenn wir beim Fernsehen hemmungslos vor uns „hinknabbern"
- usw.

Der Weg zur Freiheit führt über Disziplin und Selbstkontrolle

Das alles finden wir normal und fühlen uns schnell als Außenseiter, krank, oder zumindest unfrei, wenn

Zuerst wählen wir aus, was uns guttut, mit der Zeit werden uns genau diese Gerichte auch schmecken

wir all dem nicht schrankenlos nachgeben; doch der Weg zur Freiheit führt stets über Disziplin und Selbstkontrolle; d. h. daß wir uns eine Zeit lang bewußt einschränken sollten, dann folgen unsere Gefühle uns dorthin nach, so daß uns diese Einschränkung mit der Zeit keine mehr ist. – Dann sind wir frei!

Oftmals nehmen wir Kuren nur in Kauf, um ohne schlechtes Gewissen dann endlich wieder „normal" essen zu können!

Was wir für normal halten sind nur erlernte Gewohnheiten

Doch was ist normal? Würden Sie in Asien leben oder am Nordpol, fänden Sie ein ganz anderes Essen normal! Was wir für normal halten, sind ganz einfach erlernte Gewohnheiten, die auch erfolgreich wieder verlernt werden können!

Darf ich sagen, was heutzutage normal ist? Normal ist, daß sich 98% aller Menschen unserer Wohlstandsgesellschaft über den Darm systematisch selbst vergiften, nur mit halber Kraft leben, und nie ihre volle Persönlichkeitsentfaltung erreichen! Auch die Krebskrankheit ist ohne Selbstvergiftung über den Darm nicht möglich!

Der Grund dafür liegt in dem sensiblen Zusammenspiel zwischen Organismus und Umwelt. Der „Streß" (d. h. die Belastung von außen her) ist heute so groß wie nie, die Kraft, die wir für die Bewältigung der vielen Außenreize brauchen, steht uns für innen – für die Verdauung – nicht zur Verfügung. Früher wurde noch viel körperliche Bewegung bei der Arbeit geleistet, die Verdauungsorgane wurden gut durchblutet. Wir hatten noch mehr Spannkraft, daher war auch die Leistung unserer Verdauungsorgane größer – der Darm ist ja die innerste Wurzel des Gesamtorganismus!

Interessanterweise lehnen wir uns in anderen Bereichen nicht so gerne an das an, was unsere Nachbarn tun, wollen nicht deren Fehler machen; trotzdem fällt es uns gerade beim Essen so schwer, uns von dem abzugrenzen, was andere tun! Das Mitmachenwollen, Sich-nicht-allein-fühlen-wollen, spielen dabei eine große psychologische Rolle!

Stattdessen sollten wir hier grundlegend umdenken und stolz sein auf unseren eigenen Geschmack, darauf, daß wir auch beim Essen eine bewußte Auswahl treffen, uns selbst bejahen, indem wir wählen, was uns persönlich guttut!

Falls wir ein Angebot ablehnen, ist es nicht günstig zu sagen: „Das vertrage ich nicht", oder ein demoralisierendes „ich darf das nicht"; viel günstiger ist es, auf die Alternative hinzuweisen und zu sagen: „Ich möchte lieber das, ich bevorzuge dies . . . , jenes bekommt mir besser" u. a.

Nur zu häufig kommen sich viele invalide, amputiert oder krank vor, wenn sie hinter dem „Typ" zurückstehen müssen, der, kräftig-vital, grandios von sich sagt: „Ich kann alles essen was mir schmeckt und mir schmeckt alles!" Dies sind oft gerade Menschen, die bereits so abgestumpft, sprich „Magen/Darm-geschädigt" sind, daß sie gar nicht mehr spüren, wie sehr ihr Organismus bereits in Unordnung ist (der Darm ist geduldig, er hat wenig schmerzanzeigende Nerven, oft ist er bereits im Lähmungsstadium und meldet keine Signale mehr, erst in einer Fastenkur würden wir seinen tatsächlichen Zustand wieder wahrnehmen, da er jetzt wieder zum Leben erwacht, durchblutet wird, ein vorübergehender Schmerz setzt ein als Lebenszeichen!). Oftmals befällt aber gerade diese „kerngesunden Esser", die nie fasten, eine plötzliche scheinbar unerklärliche Krankheit; oder aber Sie mögen deren Umgebung befragen, auf deren energetische Kosten diese Menschen oft leben – die Frau, den Ehemann, die Kinder und die Sekretärin. Fragen Sie, wie es denen ergeht! Denn daher beziehen diese Menschen häufig ihre Kraft!

Natürlich gibt es auch hier die Ausnahme: der Mensch, der ganz mit sich selbst und seiner Umwelt im Reinen ist, kann alles essen . . . (aber gerade dieser ist so frei geworden, daß er gleichgut auch alles lassen könnte, sich keinesfalls mehr an Gewohnheiten anderer anlehnen muß!).

Beim Ablehnen von Angeboten auf die positive Alternative hinweisen oder ein „Vielen Dank" oder „ich habe keinen Hunger, ich möchte jetzt nicht essen, bin schon zufrieden. . .", genügen

Bewußt wählen!

Was können wir tun?

– Umdenken: So wie ich meine Freunde, meine Wohnung, meinen Partner auswähle, werde ich auch mein Essen bewußt nach dem wählen, wovon ich weiß, daß es mir gesundheitlich guttut, meine Lebensfreude mehrt!

Informieren!

– Informieren darüber, welche Nahrung grundsätzlich belastend, also schwer verdaulich ist, d. h. nämlich, daß diese schwerer in Energie für uns überzuführen ist und welche bekömmlicher, leichter verdaulich ist; und was wir günstigerweise wann essen und vor allem wie!

Austauschen!

– Änderung Schritt für Schritt! Es gibt Helden, die fähig sind von heute auf morgen ihr Leben zu ändern! Doch die meisten Menschen brauchen etwas länger dazu, um entscheidende Umstellungen vorzunehmen! Dabei sollten wir uns nicht zuviel abverlangen, vielmehr Schritt für Schritt vorgehen.

Am günstigsten ändern wir unsere Eßgewohnheiten dadurch, daß wir ungesundes Liebgewohntes austauschen: Wir lassen das Mittel weg, welches uns belastet und setzen an seine Stelle etwas, was ähnlichen Charakter aufweist, z. B.

– ►	+
Zucker	Honig, Ahornsirup, Melasse, Birnendicksaft etc.
Mehlspeisen aus raffiniertem Mehl	Kuchen, Torten aus Vollwertmehl und Honig
Raffinierte Mehlprodukte: Nudeln, Reis, etc.	Vollwertmehlprodukte, ungeschälter Reis, Vollwertnudeln, etc.
Bohnenkaffee	Getreidekaffee
Schweinefleisch	Schaffleisch, Rindfleisch Kalbfleisch, Fisch, Geflügel
Schwarzer Tee	Kräutertee, Früchtetee

−	► +
Schwerverdauliche Rohkost	Gekochtes bzw. überbrühtes, damit leicht verdauliches Gemüse
Scharfe Gewürze	Kräutergewürze wie Basilikum. Wacholder, Fenchel, Kümmel, etc.
Weichkäse (gärungsfreudig)	Hartkäse
Yoghurt, Sauermilchprodukte	wenig Süßmilch, etwas Sahne

Das Gefühl, sich etwas zu versagen, sollte so minimal wie möglich sein, am besten gar nicht aufkommen!

Gesunde Kost bringt Lebensfreude

Auf diese Weise wird Ihr Körper schrittweise gesünder und gesünder. Sie „rasten" gleichsam wieder in die Ordnung ein, und das Wichtigste dabei, Sie werden nicht nur gesünder sein, sondern auch mehr Lebensfreude verspüren, da Sie durch die energetische Wirkung des gesunden Essens eine Stärkung auch der Seele erfahren. Äußere Anfechtungen werden mit der Zeit viel geringer bis überhaupt nicht mehr sein – so sind Sie endlich der Abhängigkeit auf dem Gebiet „Essen" weitgehend Herr geworden – Sie sind tatsächlich freier geworden! Freuen Sie sich darüber, Sie haben eine großartige Leistung vollbracht!

Für diejenigen, für welche das Essen gleichsam Suchtmittel, zur Droge geworden ist, und die sich verzweifelt immer wieder bemühen abzunehmen, gilt, wenn sie dauerhaft Erfolg haben wollen:

Wer die natürliche Körperordnung wiederherstellt, verliert von selbst Gewicht, wenn er zuviel hat oder er nimmt zu, wenn er zu wenig hat

Die Lösung vom Suchtmittel „Essen" beginnen wir, indem wir den Gedanken ganz loslassen, abzunehmen! Rigorose Diäten verstärken nur den Mangel, halten uns in der falschen Thematik fest! Wir lernen mit gesunder aufbauender Ernährung den Körper bejahen, ihm Lebensmittel zuzuführen, statt „Sterbensmittel", so daß der anfänglich geringe Verzicht (denn wir hungern in Wirklichkeit überhaupt nicht!) sich bald in Freude wandelt! Bewegungs- und Entspannungsübungen machen uns wieder sensibel für die ursprünglichen Signale Hunger und Sättigung! Auf diese Weise lösen wir uns dauerhaft von innerer Abhängigkeit!

Ein gesunder Körper und ein gesunder Geist sind eins; wir wissen es lange! Mit Herstellung der Körperordnung wird auch „der Kopf“ zunehmend frei, die Einsichtsfähigkeit geweckt! Wir werden so besser erkennen können, was „hinter unserer Leibesfülle“ steckt: ob wir mit körperlicher Überfülle vielleicht „den Raum uns schaffen“, den wir uns in Wirklichkeit versagen, oder uns „mehr Gewicht verleihen wollen“, da wir in Wirklichkeit schüchtern sind, daß wir nach „Festigkeit und Sicherheit“ streben, indem wir uns „mit Massen binden“. Oder wir wollen uns nicht erlauben zu leben – oft der Hintergrund für ständige Abmagerungsversuche – „Um mich selbst zum Verschwinden zu bringen“ – wie eine Patientin sich ausdrückte!

Den wirklichen Mangel erkennen!

Wenn unsere Energie nicht ständig durch das Denken an Abmagern und die damit verbundene große Frustration gebunden bleibt, können wir viel besser herausfinden, wo wirklich unser Mangel sitzt – und ihn beheben!

– Energie auftanken!

Eine jede Umstellung kostet Kraft! Woher aber sollen wir diese Kraft nehmen, wenn wir ohnehin schon geschwächt sind – denn deshalb wollen wir ja die Umstellung vornehmen!

Es ist einmal günstig, gleich nach einem Fasten mit einigen Änderungen zu beginnen, denn da haben wir noch viel Energie! Später aber, wenn der Alltag wieder auf uns einwirkt, müssen wir uns selbst diese Kraft für die Umstellung besorgen! Aber woher?

Entspannung setzt Kräfte frei!

Aus der Entspannung und aus der positiven Vorstellung! Ein jeder hat viel mehr Kraft als er glaubt und worüber er im Augenblick verfügen kann! Diese Energie ist nämlich durch Streß bzw. Probleme in unseren Muskeln eingeschlossen, wartet nur darauf gleichsam, in der Entspannung freigesetzt zu werden!

Ein jedes ungelöste Problem, welches eine Wirkung auf uns ausübt, welchem gegenüber wir noch nicht souverän sind, sitzt uns als Spannung in den Muskeln; so z. B. versteifen wir unseren Nacken, wenn wir uns überhaupt versteifen auf etwas Bestimmtes, wir ziehen die Schultern hoch, wenn wir uns gegen zuviel Druck auflehnen, oder pressen die Kiefer zusammen, wenn wir „die Zähne zusammenbeißen“ müssen usw.

Wir werden zur Freisetzung unserer Kraftreserven eine einfache Methode lernen, wie z. B. das Autogene Training, Jacobson, Eutonie; dies sind für praktisch jeden leicht zu lernende Entspannungsübungen, mit deren Hilfe Sie sich zuhause selbst in die wohltuende und Kräfte regenerierende Entspannung begeben können! In der heutigen Welt ist es für die meisten Menschen notwendig, eine Entspannungsmethode zu können und regelmäßig anzuwenden! Sie ist auch eine der besten Vorbeugungen gegen Krankheiten, da wir durch das bessere Gespür für unsere Körpersignale schnell erkennen, wenn uns etwas fehlt! In der Entspannung beruhigen wir auch unsere Gefühle, lösen uns von außen, so daß wir auch Abstand bekommen zu bestimmten Nahrungsmitteln, von denen wir sonst meinen, nicht lassen zu können!

Über die Entspannung lernen wir unsere eigene Führung zu übernehmen anstatt uns von außen steuern zu lassen! Denn:

Alle Kraft kommt von innen!

Positive Vorstellung sammelt unsere Kräfte und richtet sie auf das Ziel aus

Und vor allem: Im entspannten Zustand ist unser Unterbewußtsein für alles, was wir uns in Worten und in Bildern vor Augen halten, offen! D. h.: Sie sollten den Entspannungszustand dazu benutzen, um Kontrolle über Ihre Eßgewohnheiten zu erlangen! Wichtig ist dabei, bestimmte Worte mit entsprechenden Bildvorstellungen zu begleiten, damit die Information in der linken (Wortgedächtnis) und in der rechten Gehirnhälfte (Bildgedächtnis) verankert ist, und so doppelt wirkt!

Beispiel:

Sie stellen sich vor, wie Sie sich in Ruhe zu Tisch setzen, um etwas Bestimmtes zu essen, zu dem Sie bisher vielleicht keine Beziehung hatten, und das Sie aber lieben lernen wollen. Sie stellen sich lebhaft vor, wie Ihnen dieses Essen guttut, wie Sie glücklich sind, daß Sie es zu sich nehmen dürfen, wie es Ihnen Lebensfreude beschert und Sie dankbar Ihr Mahl beenden; Sie fühlen sich wohl und werden von Tag zu Tag gesünder, ausgeglichener, Ihre Probleme lösen sich gleichsam von selbst, weil Sie stark sind. Mit der Zeit ist Ihnen dann dieses Nahrungsmittel nicht nur selbstverständlich, sondern Sie mögen es!

Die Entspannung können Sie gut für jede Zielvorstellung benutzen, die Sie wollen!

IV. Vom Umgang mit Fehlern und Rückfällen

Für ein dauerhaftes Durchhalten neu eingeführter Änderungen beim Essen ist entscheidend wichtig, wie Sie mit sich selbst umgehen, wenn Sie Rückfälle erleiden! Nehmen wir an, Sie haben es sich zum Ziel gesetzt, bestimmte Genußmittel zu lassen: keine Torte, keine Schokolade . . . Und jetzt haben Sie sich ertappt, daß Sie, als Sie sich über Ihren Chef ärgerten, prompt in der Kantine dem Kuchen nicht widerstehen konnten. Jetzt sind Sie wütend auf zwei: Auf Ihren Chef und auf sich selbst. Mit anderen Worten: Die Wut im Bauch hat Ihre Energie geschwächt und herabgesetzt, deshalb haben Sie Kuchen gegessen – aber Ihrem Körper dadurch weitere Energien genommen – und zudem hadern Sie jetzt dehalb mit sich selbst, was Sie den letzten Rest Ihrer Kraft kostet!

Unsere Gedanken erschaffen unsere Wirklichkeit

Sie können sich vielleicht vorstellen, daß Sie, wenn Sie bei der nächsten Mahlzeit sitzen, „instinktiv" mehr essen – da Sie objektiv bereits einen großen Energiemangel haben (und wir unbewußt Essen gleich Energie setzen)! Wie können Sie nach Rückfällen wieder aus dem Teufelskreis entkommen?

Grundsätzlich gilt: Positiv denken!

Was geschehen ist, mußte so sein, Reue ist sinnlos, beschwert noch mehr! In einem jeden Lernprozeß machen wir Fehler und erleiden Rückschläge – die Lernkurve ist nie linear (gilt für alles Lernen, ist ein Naturgesetz)! Daher: Zuerst alle Gefühle, die uns bei einem Rückfall überkommen, auf den „Nullpunkt" bringen! Dazu entspannen wir uns.

Erst wenn wir innerlich unsere „Missetat" vollkommen angenommen haben, sollten wir uns zur nächsten Mahlzeit setzen!

Bitte keine Selbstbestrafung üben, indem wir uns jetzt kasteien und nichts essen! Haben wir keinen Appetit, so essen wir vielleicht minimal, bei normalem Verlangen aber werden wir essen, als hätten wir zuvor nicht „gesündigt"!

Wer stolpert, soll rasch aufstehen und in der rechten Richtung weitermarschieren!

Für viele Menschen ist es nicht günstig, Mahlzeiten ausfallen zu lassen, da man dann leicht in ein „Auf und Ab" hineingerät, Nichtessen – Hunger – Überessen – Nichtessen, usw.

Zusammenfassung:

- Die rechte Ernährung bestimmt entscheidend die Qualität unseres Lebens über den Energiehaushalt. Wer wenig Kraft hat, hat wenig Freude und ist stets Spielball seiner Umgebung!
- Es sind unsere täglichen Eßgewohnheiten, die über Krankheit oder Gesundheit entscheiden!
- Wollen wir die Eßgewohnheiten ändern, sollten wir es schrittweise tun! Und zwar bestimmen:
    - Warum?
    - Das Ziel: Eßkultur nach Dr. Mayr, exaktest kauen, langsam essen und jeden Bissen total verspeicheln!
    - Information einholen über Wert und Unwert der Nahrung in groben Zügen
    - Mehr und mehr „Energiespender" statt „Energieräuber" nehmen
    - Durch Entspannung Energie auftanken
    - Durch Entspannung, Selbsteinsicht und Autosuggestion plus Bildvorstellung, Selbstbestimmung lernen!

SPANNUNG – ENTSPANNUNG

Der dynamische Wechsel bestimmt unser Leben

INHALT

Spannung – Entspannung

Der dynamische Wechsel bestimmt unser Leben.

Um in Übereinstimmung mit allen Naturgesetzen zu leben, ist es deshalb nicht notwendig, die äußere Natur zu studieren, es genügt, die Natur des eigenen Seins voll zu verwirklichen.

„Die äußere Natur und die Natur des Menschen sind nicht zwei verschiedene Dinge; die Gesetze der Natur sind nichts anderes als die Gesetze unserer eigenen Natur."[20]

Maharishi Mahesh Yogi

Einleitung: Warum ist es heute so wichtig, sich bewußt und regelmäßig zu entspannen?

Überreizte Sinne stören unser Gleichgewicht

Die heutige Lebenssituation ist eine grundlegend andere als zu je einer Zeit: Die Bevölkerungsexplosion brachte eine große Dichte des Zusammenlebens mit sich, was die Reize, welche ständig auf uns einwirken, potenziert. Moderne Errungenschaften, wie die Medien und Komunikationsmittel (Fernsehen, Radio, Telefon, Zeitungen, etc.) ermöglichen es uns, eine Vielzahl von Informationen zu erhalten, die wir aber meist gar nicht mehr aufnehmen, einordnen und verarbeiten können. Und Reize, die nicht bewußt verarbeitet werden, wirken auf unser Nervensystem wie ein „Störsender" ein und bringen uns aus dem harmonischen Gleichgewicht.

Schnellste Transportmittel beschleunigen unseren Lebensrhythmus und entheben uns der gewachsenen Geborgenheit und Sicherheit, in welcher Menschen sich fühlen, die im Heimatboden verwurzelt sind. Daraus ergibt sich, daß bei der zunehmenden Beschleunigung, welcher wir uns ausgesetzt fühlen, die wir aber letzten Endes selbst produzieren, der Mensch nicht mehr so leben kann wie früher, ja nicht einmal wie eine Generation vorher. Er kann es sich weder leisten so zu essen wie seine Eltern, noch sich dem täglichen Streß einfach auszusetzen, ohne aktiv etwas dagegen zu tun. Wer heute sich nicht aktiv gegen die Sogkraft zunehmender Beschleunigung, gegen die Giftwirkung vieler denaturierter Nahrungsmittel etc. schützt, wird dem zum Opfer fallen.

Insbesondere unsere Gefühle sind von der täglichen Überreizung stark betroffen, indem sie sich aufschaukeln und wir oft nicht mehr abschalten, ruhig werden können! Und mit erregten, nicht bewältigten Gefühlen beginnt die Krankheit.

Entspannung hilft unsere Gefühle abzukühlen

Eine gute Möglichkeit, unsere Gefühle immer wieder „abzukühlen", zu beruhigen, ist die regelmäßig durchgeführte Entspannung. Es genügt dafür nicht mehr, sich einfach auszuruhen, es bedarf vielmehr des systematischen detaillierten Entspannens einzelner äußerer und innerer Körperregionen.

I. Was geschieht bei der Entspannung:

1. Entspannung bringt uns ins Gleichgewicht

Das autonome Nervensystem: Sympathikus und Parasympathikus bzw. Vagus

Die Entspannung löst Vorgänge in unserem vegetativen bzw. autonomen Nervensystem aus. Unser autonomes Nervensystem besteht aus zwei „Zweigen", dem sog. Sympathikus und dem Parasympathikus oder Vagus. Vereinfacht ausgedrückt, ist je nach innerer Stimmungslage bzw. äußerer Reizeinwirkung der eine oder andere Nervenstrang zuständig, nervös angeregt. Den Sympathikus könnten wir auch zum besseren Verständnis als das „Streßnervensystem" bezeichnen.

Der Sympathikus gibt Energien aus, der Vagus baut Energien auf

Aufregung blockiert die Verdauung, die Sexualität und das bewußte Denken

Bei Streß, Gefahr, Angst in Leistungssituationen, kurz, im Zustand nervöser Erregung mobilisiert der Sympathikus alle Kraftreserven, spannt über die Ausschüttung von Hormonen wie Adrenalin, Noradrenalin, etc. unsere Muskeln an, verengt die Blutgefäße, blockiert unsere Verdauung und Sexualfunktionen und unser bewußtes Denken. Alle Sinne sind auf Flucht, Kampf bzw. Höchstleistungen eingestellt. Das kostet uns ungeheure Kraft, so daß wir bei chronischer Sympathikuserregung viel Energie hergeben, bzw. verlieren. Normalerweise ist der Sympathikus auch für den Tag zuständig, der Vagus für die Nacht.

Das parasympathische Nervensystem hat die Aufgabe, die inneren Körpervorgänge zu regulieren, die Verdauung und Sexualfunktionen anzuregen, innere Kräfte aufzubauen und bereitzustellen.

Chronischer Streß kann zu Bluthochdruck führen, aber auch zu niederem Blutdruck

Ist ein Mensch im Gleichgewicht und gesund, so wechseln die beiden einander harmonisch ab. Ist aber ein Mensch im Dauerstreß, in chronischer Anspannung, so kann er oft nicht mehr „abschalten", d. h. vom Sympathikus auf den Parasympathikus umschalten. Die Folge können sein: Vermehrte Gereiztheit und Aggressivität als Ausdruck von „Kampfbereitschaft", schlechte Verdauung, sexuelle Impotenz bzw. Gefühlskälte, Schlafstörungen, Bluthochdruck, etc. Hier kann man von einer Fehlsteuerung des Sympathikus sprechen.

Aber auch der Vagus kann „übersteuern". Je nach Persönlichkeitsmerkmalen wird bei einem chronischen Streßzustand der eine Mensch eher zu sympathikotonen Fehlreaktionen (er mobilisiert noch mehr Kraft) neigen, der andere, „vagotone Typ", wird eine Überspannung des Vagus vorweisen: d.h., er wird „überverdauen", (zuviel Magensäure), an niederem Blutdruck leiden, und über Müdigkeit und Schwäche klagen. Bei letzterem „Reaktionstyp" schalten alle Vorgänge auf Sparflamme, der Organismus sagt gleichsam: Ich kann und mag nicht mehr, mir ist alles zuviel.

Entspannung gleicht körperliche Überreaktionen aus

Die regelmäßig geübte Entspannung gleicht beide Arten von „Entgleisungen" aus. Der zu „Überspannte" kommt von seinem hohen Erregungsniveau herunter, der zu „Unterspannte" wagt es, wieder aktiv zu werden und sein Organismus bleibt nicht mehr „wie vor Schreck erstarrt stehen."

In der geübten Entspannung lernen wir bewußt und aktiv unseren Organismus in Ruhelage zu bringen; alle Vorgänge normalisieren sich auf diese Weise, die „Regelkreise" unseres Körpers laufen wieder synchron, unsere innere Angstspannung löst sich auf. Indem wir unsere Muskeln entspannen, werden wir auch seelisch gelöst, kommen in eine positive Empfindungs- und Stimmungslage.

In der Entspannung schaltet der Organismus vom sog. „Nebennierenrindenhormonregelkreis" zum „Sexualhormonregelkreis", was im weitesten Sinne die Sexualität, positive Empfindungen und Gefühle weckt.

Entspannung setzt Energien frei

In der Entspannung werden auch die in unseren Muskeln eingeschlossenen Energien freigesetzt, die Lebenskraft kann wieder ungehindert durch unseren Körper fließen, und d. h., daß wir uns auch seelisch wohl und ausgeglichen fühlen. Wo früher Verspannungen waren, die den Blutstrom und damit auch die Sauerstoff- und Nährstoffzufuhr drosselten, kann wieder Blut hindurchfließen, was die Gewebe neu belebt und die durch den Spannungsdruck entstandenen Toxine ausschwemmt.

Wir können so lernen, in regelmäßigem Üben unsere Angst zu bewältigen, unseren Streß zu lösen und auf diese Weise Energie zu gewinnen. So werden wir nicht nur ausgeglichener, sondern auch auf lange Sicht leistungsfähiger. Denn wer ganz loslassen kann, kann sich auch ganz wieder anspannen.

Regelmäßige Entspannung erhöht die Reizschwelle

Durch tägliches Üben können wir auch unsere Reizschwelle erhöhen, so daß wir äußere Anforderungen gelassener nehmen.

2. Entspannung führt nach innen, zu unserem Wesen

Wohin unsere Aufmerksamkeit geht, dahin geht auch unsere Energie. Wenn wir ständig die Aufmerksamkeit nach außen richten, geben wir laufend Energie ab. Lenken wir unsere Aufmerksamkeit auf uns selbst – nach innen, indem wir uns selbst empfinden, spüren, so geben wir uns selbst Kraft. In der Entspannung lassen wir alles Äußere los, unwichtig werden, und werden so identisch mit uns selbst. Wir erfahren dadurch eine Stützung unserer Persönlichkeit.

Entspannung gibt uns Distanz zu allem

Gefühle sind „Haftungen", Gebundenheiten. Wollen wir mehr Distanz bekommen zu Menschen, Dingen und Ereignissen, unsere Selbstkontrolle wiedererlangen, so werden wir unsere Gefühle in der Entspannung ruhigstellen, auf den „Nullpunkt" bringen.

Auf diese Weise lösen wir uns von Altem, von Gewohnheiten und Fixierungen und werden offen für Neues. Dies ist der beste Weg, um Gewohnheitsverhalten abzustellen und hilft uns sogar, Suchtverhalten zu bekämpfen.

Entspannung hilft Gewohnheiten zu ändern

3. Negative Gefühle löschen

Unter fachlicher Anleitung können wir auch lernen, über die Entspannung negative Gefühle zu löschen, wie Angst und Aggression.

Dieses Verfahren wird systematische Desensibilisierung genannt und hilft uns besonders, spezifische, begrenzte Ängste loszuwerden (Furcht vor Objekten, Personen, Tieren, Liftangst, Angst über Brükken zu fahren, etc.). Dabei wird die an sich angstbesetzte Vorstellung nun mit der entspannten, vagotonen Körperreaktion systematisch verknüpft, so daß wir schließlich auch in der Realität mit Ruhe auf eine frühere Angstsituation reagieren. Dies bedarf aber unbedingt der Führung durch eine psychologische Fachkraft.

4. Positive Gefühle schaffen, Ziele erreichen

Ziele erreichen durch positive Vorstellungen in der Entspannung

Der Entspannungszustand vermittelt uns positive Empfindungen. Wir können ihn daher gut dazu benutzen, mit Hilfe positiver Vorstellungsbilder Ziele anzustreben und zu verwirklichen. Denn diese Bilder werden in der Entspannung mit den positiven Empfindungen verknüpft. Eine Vorstellung, die wir uns immer wieder im entspannten Zustand (das Unterbewußte ist gleichsam geöffnet) vor Augen halten, bekommt die Tendenz, sich auch nach außen zu verwirklichen.

5. Entspannungsübungen sind auch Sammlungsübungen

Durch die innere Konzentration, die wir für die durchgeführte Entspannung aufbringen müssen, lernen wir auch unsere Gedanken wieder und wieder

Entspannung lehrt uns Konzentration

zu sammeln, dadurch unsere Persönlichkeit mehr und mehr in den Griff zu bekommen.

6. Selbsterkenntnis gewinnen

Entspannung öffnet unser Wesen

Im entspannten Zustand ist das Unterbewußtsein gleichsam offen, es ist nicht mehr verdeckt durch das Verstandesdenken. Daher lassen wir in der Entspannung unser Inneres „sprechen“, lauschen auf unsere tiefste Stimme, die uns am ehrlichsten Auskunft über unser wirkliches Befinden zu geben vermag.

7. Schmerzen lindern

Entspannung hilft Schmerzen zu lindern

Bei bestimmten Entspannungsübungen wird die Bewußtheit herabgesetzt. Ohne Bewußtsein erleben wir keinen Schmerz (Narkose!). Daher kann die Entspannung unter fachlicher Anleitung auch sehr gut zur Schmerzlinderung eingesetzt werden.

8. Besser denken

Streß vermindert unsere kreative Denkfähigkeit

Streß blockiert unsere bewußten Denkprozesse, setzt also unsere Fähigkeit, bewußt und kreativ nachzudenken, weitgehend herab. Da hoher Streß stets gleichzusetzen ist mit der Erwartung oder Gegenwart großer Gefahr, werden biologisch sinnvoll „alte“ Gehirnteile aktiviert, die uns nur blitzschnelles reflexartiges Handeln ermöglichen. In unserem heutigen Leben tauchen Situationen, wo „gedankenloses“ reflexartiges Verhalten uns das Leben retten könnte, nur noch selten auf. Der alte Mechanismus aber bleibt bestehen, auch wenn die heutigen Streßsituationen oft keinesfalls lebensbedrohlich sind (Prüfungsangst).

Entspannung macht schöpferisch

So verursacht jeglicher Anstieg der Erregung über einen bestimmten Punkt hinaus eine zunehmende Einschränkung des Denkvermögens, wie überhaupt jeglicher sinnvoller Leistungen.[21] D. h., je schwieriger z. B. ein zu lösendes Problem ist, desto niederiger sollte – in gewissen Grenzen – das optimale Aktivierungsniveau sein. Besonders Aufgaben, die intuitiv und kreativ zu lösen sind, erfordern einen eher niederen Erregungszustand.

Je ruhiger wir innerlich sind, desto schöpferischer sind wir

II. Die Integration = Einheit der Persönlichkeit

Unser Gehirn besteht aus zwei Hälften:
Der linken Hälfte, die mehr für sprachliches, analytisches, logisches und diskursives Denken zuständig ist und der rechten, deren Aufgabe mehr kreativ-intuitive Prozesse sind, die bildhafte Vorstellung und das Ganzheitsdenken sind ebenfalls in dieser Hälfte aufgehoben.

Linkes Gehirn: Logisches Denken

Rechtes Gehirn: Kreativ – intuitive Ideen und Vorstellungen

Diese beiden Gehirnhälften werden nun je nach Kultur und Einzelpersönlichkeit mehr gewichtet. In unserem Kulturkreis werden die Fähigkeiten der linken Hälfte höher bewertet und daher auch mehr gefördert. Im östlichen Kulturbereich ist es gerade umgekehrt. Sehr vereinfacht ausgedrückt könnte man nun sagen, daß die „vollkommene Persönlichkeit" in beiden Gehirnhälften gleichstark „verankert" ist, da sie die Realität in ihrer Eigentlichkeit ohne subjektive Verzerrung „schaut".

Der „vollkommene" Mensch denkt nicht, er „schaut" die Wahrheit

Im tiefen Entspannungszustand werden sog. α-Wellen erzeugt, das ist eine gehirnelektrische Aktivität bestimmter Frequenz, welche man mittels EEG leicht messen kann. Sind wir im Tagesbewußtsein, so erzeugen wir β-Wellen. Entspannen wir uns unsystematisch, indem wir uns z. B. nur hinsetzen, so entstehen α-Wellen mehr oder weniger nur im Bereich des Hinterhauptes. Befinden wir uns aber in Meditation oder tiefer Entspannung, so breiten sich α-Wellen nach vorne über die gesamte Hirnrinde aus, bis in allen Bereichen des Gehirns eine deutliche Uniformität hinsichtlich der Frequenz und Amplitude der elektrischen Aktivität herrscht. Der Neurologe Banquet, der diese Untersuchungen durchführte, bezeichnete dieses Phänomen als „Hypersynchronisierung".[22] Dabei befindet sich die gesamte Hirnrinde in einem gleichmäßigen Zustand entspannter Ruhe. Man nimmt nun an, daß durch diese Hypersynchronisierung eine Integration aller verschiedenen Hirnteile erzeugt wird, die sich erwiesenermaßen auf die Entwicklung der menschlichen Persönlichkeit positiv auswirkt. Anders ausgedrückt: Man vermutet, daß das Gefühl größerer

Tiefe Entspannung „schaltet" unsere beiden Gehirnhälften „gleich" und „eint" daher die Persönlichkeit

Einheit mit sich selbst, die „Selbstfindung" (nicht mehr: „Ach, zwei Seelen sind in meiner Brust"), auf diese „Gleichschaltung" beider Gehirnteile zurückgeht.

1. Entspannung ermöglicht Bewußtheit

Durch Ruhigstellen unserer Motorik und Gefühle werden wir bewußt

Durch die Ruhigstellung unserer Motorik und „Abkühlung" unserer Gefühle in der Entspannung wird unsere Bewußtheit gefördert. Denn Gefühle üben einen wesentlichen Einfluß auf unser Bewußtsein aus: Wir sind „blind vor Wut", etc.

Die Bewußtseinserweiterung ermöglicht eine neue Sicht von uns selbst und der Welt

Wir können uns in Gefühle buchstäblich hineinsteigern oder durch Entspannung Abstand gewinnen, uns beruhigen. Freud hatte sicher recht, wenn er meinte, wir müssen uns eines (z. B. Angst-) Gefühls nur bewußt werden, dann verschwindet es gleichsam von selbst. Aber gerade um diese Bewußtwerdung geht es. Die meisten Menschen verwechseln Bewußtsein mit Wissen. Wissen entspringt aber dem Verstandesdenken, und hat nichts mit dem Bewußtheitszustand gemein, welcher in der konzentrativen Meditation als Folge der Entspannung auftritt (Manch einer „weiß", daß er vom Alkohol ablassen sollte, aber er ist sich dessen nicht voll bewußt). Dieses Bewußtsein ist gleichsam ein „Wissen des gesamten Körpers", ein Zustand wacher Offenheit, welcher den gesamten Organismus einbezieht. Wer so „weiß", der kann auch Suchtgefühle in den Griff bekommen, weil er alle Gefühle loslassen kann.

Dieser Bewußtseinszustand, der sich bei Wegfallen jeglicher Wahrnehmung und allen Denkens ergibt, wird als „reines Bewußtsein" bezeichnet. Auffallend ist dabei, daß die meditierende Person wach ist, und manchmal sogar von gesteigerter Wachheit berichtet, obwohl die kortikalen Denkprozesse ausgeschaltet sind (nur Anfänger schlafen gelegentlich bei der Entspannung ein).

Aber diese Wachheit ist ein mehr allgemeiner Zustand und hat nichts mit einer Erregung durch sinnliche Wahrnehmung zu tun.
Daher: Durch die regelmäßige Entspannung lösen wir uns von alten Denkmustern und Fixierungen, es wird tatsächlich unser Bewußtsein erweitert.

2. Entspannung hilft bei Problemen

Probleme gefühlsmäßig anzunehmen hilft uns, sie optimal zu lösen

Äußere Probleme sind immer auch Konflikte in uns selbst. „Einen" wir daher unsere Persönlichkeit durch regelmäßige Entspannung, werden wir weniger und weniger Probleme anziehen. Der Zustand der Entspannung ist auch der Zustand des „Annehmens". Ein jedes Problem oder Gefühl muß, ehe wir uns von ihm lösen können, von uns angenommen werden. D. h. wir müssen üben, uns dem Problem „entspannt" zu stellen, es zu bejahen, und es so gefühlsmäßig loszulassen. Auf diese Weise wird die negative Energie (Angst, Wut), die wir in Anbetracht des Problems in uns erzeugten und die uns den Blick für die beste Lösung verstellte, in positive Empfindungen umgewandelt. Und die Lösung fällt uns gleichsam zu.

3. Die „ganze Realität" sehen

Streß verengt unseren Blickwinkel

Wer in Hochspannung, im Streß ist, sieht notwendig stets nur einen Ausschnitt aus der Realität. Er sieht genau nur den Aspekt, welcher gerade der Ursache seines inneren Erregungszustandes entspricht. Vereinfacht ausgedrückt: Hat ein Mensch starken Hunger, so wird er in den Straßen hauptsächlich die vorhandenen Restaurants, Würstelstände, Lebensmittelauslagen und dgl. wahrnehmen. Die übrige Realität bleibt ihm mehr oder weniger verschlossen bzw. wird in der Wahrnehmung unterdrückt. So ist demjenigen, der noch sehr in seine Gefühle, in Bindungen und Fixierungen verstrickt ist, ein größerer Teil der Wirklichkeit verborgen. Dies führt wiederum zu einseitigen Schlußfolgerungen und Handlungen, so daß „man sich oft wie im Kreise bewegt". Alte Fixierungen aus der Vergangenheit führen, ehe sie ganz gelöst sind, zu immer denselben äußeren Realitätsbedingungen, so daß wir oft unsere Fehler wiederholen, ungeachtet der momentanen Umgebung.

Chronischer Streß führt zu für uns ungünstigen Schlußfolgerungen und Handlungen

Es ist der Zustand ruhevoller Wachheit in der Meditation, welcher durch seine gelöste, nicht fixierende Aufmerksamkeit einen idealen Zustand perfekter Ordnung im Bewußtsein herstellt.[23] Daraus entsteht spontan richtes Handeln. Erfolg im Handeln beruht

„Richtiges" Handeln entsteht aus einer möglichst weiten Wahrnehmung der Realität

auf spontan richtigem Denken, ohne daß zuvor langwierige Analysen notwendig wären. Richtiges, nützliches Denken kommt dadurch zustande, daß jeder Gedanke unmittelbar aus seiner Quelle, dem Sein hervorgeht.

Das entspannte „Sein" ist die beste Grundlage für die „richtige" Idee

Von hier aus ist jede Handlung unendlich kraftvoll und wichtig. Dabei werden auch die starren Begrenzungen des Denkens abgebaut. Wir schauen die „ganze Realität".

III. Streß und Ernährung

Ernährung beeinflußt unseren „Streßpegel"

Es ist eine Tatsache, die leider noch viel zu wenigen Menschen bekannt ist, daß die Art der Ernährung einen großen Einfluß auf unser „Streßniveau" hat. Das, was ein Mensch als „Streß" empfindet, ist die Summe aus der auf ihn einwirkenden objektiven Reize und seinem inneren subjektiven „Klima", seiner psycho-physiologischen Stabilität. Um diese letztere geht es mir. Ich bin zutiefst überzeugt, daß der „somatisch-vegetative Grundzustand" (den es nur theoretisch isoliert gibt) eines Menschen in einem viel höheren Ausmaß seine „Streßverträglichkeit" bestimmt, als die von außen kommenden Reize (Lärm, Temperatur, etc.) oder Anforderungen.

Und dieser körperliche Grundzustand ist über die Ernährung und die Entspannung beeinflußbar.

Falsche Ernährung führt zur Erzeugung von Giftstoffen im Körper

Besonders die Ernährung ist für unser „inneres Gefühlsklima" verantwortlich. Ernähren wir uns nämlich falsch, extrem, einseitig, scharf gewürzt, denaturiert, säurenreich, so wird im Körper ein Reizklima geschaffen: Die Nahrung wird über den trägen Darm (eine Folge denaturierter Nahrungsmittel) zu wenig schnell weiterbefördert, gärt (Kohlehydrate) und fault (Eiweiße) im warmen Klima unseres Körpers und bildet auf diese Weise Giftstoffe, sog. Toxine. Diese Toxine werden nun über die durch Streß und falsche Ernährung entzündlich gewordene Darmschleimhaut in die Blutbahn geschleust, von wo aus sie in den ganzen Körper gelangen. Die ersten Reaktionen dieser „Giftspritzen" sind meist die bekannten Erscheinungen vegetativer

Dystonie, wie Müdigkeit, Schwindel, Kopfschmerzen, Lustlosigkeit, Konzentrationsstörungen, vermehrte Gereiztheit und Aggressivität, bzw. Apathie und Depression. Ist nun ein Mensch in dieser schlechten körperlich-seelischen Verfassung Anforderungen ausgesetzt, so ist verständlich, daß er wenig belastbar sein wird, und ihn alles überfordert (was er sonst vielleicht mit Leichtigkeit geschafft hätte!).

Streß wirkt auf den Dickdarm

Der Dickdarmbereich des Menschen ist eng mit seinen Gefühlen verbunden, er reagiert äußerst empfindlich auf seelische Erschütterungen, indem er sich verkrampft und in einem fortgeschrittenen Stadium erschlafft. In solch einem Zustand entstehen leicht Toxine, bevorzugt in bestimmten Darmabschnitten, welche noch zusätzlich zu den in unseren Nahrungsmitteln ohnehin vorhandenen Giftstoffen kommen.

Giftstoffe im Körper sind der Nährboden für jede Krankheit

Und die Giftstoffe im Körper sind der Nährboden für jede Krankheit.

Deshalb ist neben gesunder aufbauender Kost noch die täglich regelmäßige Entspannung notwendig. Denn bei Aufregung wird nicht nur unsere Skelettmuskulatur angespannt, sondern auch die glatten bzw. quergestreiften Organmuskeln, insbesondere eben der Dickdarm.

Wer viel leisten muß, sollte leicht verdaulich essen

Wer viel leisten muß, viel Energie für „außen“ braucht, der muß umso vorsichtiger und leichter essen, da er wenig Kraft für innen, für die Verdauung übrig haben wird. Bei übermäßigem Streß kennen wir zwei Fehlreaktionen im Verdauungsbereich: Die Überspannung des Sympathikus, die Verdauung wird blockiert, kein Magensaft gebildet, der Darm ist wie gelähmt (Verstopfung); und die Überspannung des Parasympathikus, wobei der Magen im Übermaß Sekrete bildet, und der Darm „überfunktioniert“ (Durchfall).

Fasten und Entspannung haben dasselbe Ziel: Ballast abzuwerfen

Deshalb ist es so wesentlich durch richtige Ernährung bzw. zeitweises Fasten den Körper von Abfallstoffen zu befreien, bzw. durch tägliche Entspannungsübungen auf seelischer Ebene Belastungen loszulassen. Beide „Ebenen“ haben jeweils Einfluß aufeinander.

IV. Praktische Übungen

Der „Laie“ mag sich mit Recht fragen, was er aus der Flut der Entspannungs- und Meditationstechniken für sich sinnvollerweise auswählen soll. Deshalb möchte ich hier eine kurze Übersicht geben, wie ein Mensch, der einerseits Streß loswerden will, sich aber vielleicht auch seelisch / geistig weiterentwikkeln möchte, vorgehen kann.

Ich habe diese Auswahl nach inhaltlich – logischen Gesichtspunkten zusammengestellt.

Die einfachste Methode sich zu entspannen: Muskeln anspannen – entspannen

1. Muskelentspannung nach Jacobson
(siehe auch Anhang 3)

In diesem Entspannungstraining werden systematisch die wichtigsten Körpermuskeln bewußt stark angespannt, und sind in der Folge entspannt. Menschen, die infolge Streßeinwirkung noch nicht „spüren“, empfinden können, wie es z. B. das Autogene Training erfordert, erreichen damit einen guten Erfolg.

Loslassen des Außen, Wahrnehmen des Körpers: Das Autogene Training

2. Das Autogene Training (siehe auch Anhang 4)

Wer bereits minimal fähig ist, seinen Körper „von innen her“ zu erspüren, wahrzunehmen, kann schon mit dem Autogenen Training beginnen. Im Autogenen Training lernen wir das Loslassen des Außen, und das Erspüren des Körpers von innen. Wir gehen mit unserer Aufmerksamkeit nach innen. Indem wir alle Sinneseindrücke lassen und auch unsere Gedanken lassen (wir lassen sie kommen, wenn sie kommen, lassen sie ziehen ohne sie festzuhalten) werden wir ge-lassen!

Den Eigenrhythmus wiederfinden

Das Autogene Training ist ein auf den westlichen Menschen zugeschnittenes Entspannungstraining, da gerade er sich von Spannung, Aktivität und Außenfixierungen lösen muß, um zu seinen Eigenempfindungen zu gelangen und seinen Eigenrhythmus wiederzufinden.

(Yoga ist eine typisch östliche Technik mit philosophischem Hintergrund, welche dem mehr passiven Menschen im Osten, vereinfacht ausgedrückt, zu innerer geordneter Spannkraft verhelfen soll, daher auch das „Arbeiten" mit körperlichen Übungen in einer gewissen Spannung, wenn auch Wohlspannung. Der westliche überaktive Mensch muß erst das „Lassen" lernen, ehe er wieder positive Spannkraft in sich aufbauen kann).

3. Eutonie

Eutonie ist die Lehre von der „Wohlspannung", dem harmonischen Spannungszustand.

Eutonie üben wir in der harmonischen Spannungsmitte

Hat der Mensch nun im Autogenen Training gelernt, alles Außen loszulassen, in seinen Körper hineinzuhorchen, die Körperempfindungen wieder wahrzunehmen, identisch zu sein mit seinem Körper, kann er in einem nächsten Schritt aus der Tiefe der Entspannung wieder bewußt nach außen spüren durch die Hinwendung des Bewußtseins auf die Haut und die äußeren Körperpartien, die die Umweltreize vermitteln. Er nimmt damit wieder mit seinen Sinnen die Außenwelt wahr, aber bewußt, geordnet und fühlsam, ohne das Innen dabei zu verlieren.

Kontaktübungen zum fühlsamen Erspüren der Außenwelt

Der „überspannte" Mensch nimmt zwar auch die Außenwelt sinnlich wahr, aber eingeengt und er ist gleichzeitig von innen abgetrennt, verpanzert, abgekapselt.

Eine andere Art eutoner Übungen hilft uns, verstärkt inneren Halt aufzubauen durch bewußtes Erspüren unserer Knochen.

Übungen mit den Knochen, um das Empfinden eigenen Halts und der Festigkeit zu verstärken

Eutone Übungen, bei welchen wir unseren Körper als Hohlraum wahrnehmen, helfen uns besonders die innere Fühlfähigkeit zu wecken und entwickeln.

Hohlraumübungen zur Weckung der Fühlfähigkeit

Eutonie ist Belebung, ist Durchlebung des Menschen. Er erübt auf diese Weise einen harmonischen mittleren Spannungszustand, welchen er den ganzen Tag über aufrechterhalten sollte.

Lernen wir im Autogenen Training aus der Überspannung kommend alle Spannung loszulassen, bauen wir in der Eutonie wieder einen gewissen Spannungszustand in geordneter Weise auf.

Autogenes Training und Eutonie als Grundstufe zielen primär auf den Körper

Oberstufenübungen beziehen den Geist mit ein

4. Oberstufe:
   Autogenes Training
   Eutonie

Ich fasse hier diese beiden zusammen, weil sie zwar unterschiedliche Ausgangspositionen haben, sich aber in manchen Übungen der Oberstufe treffen.

Da diese Übungen bereits sehr komplex sind, möchte ich hier nicht näher darauf eingehen. Nur soviel sei gesagt: Sind die Übungen beider Techniken in der Unterstufe mehr auf das Empfinden und Wahrnehmen des Körpergeschehens gerichtet, beinhalten die Übungen der Oberstufe wieder das Einschalten des geistigen Bereiches. Wir üben mit Vorstellungen, Bildern, Formen, Farben, schließen Landschaften, Gegenstände und Personen mit ein!

Der vielfache Sinn dieser Übungen ist:

- Vertiefung der Entspannung und inneren Sammlung
- Verstärkte innere Führung und Zielausrichtung
- Ein Unempfindlichwerden gegenüber angstbesetzten Objekten, Tieren, bzw. Menschen
- Umwandlung von negativen Gefühlen in positive Gefühle
- Bewirken von Einstellungsänderungen
- Weckung der Energiezentren
- Heilung im wahrsten Wortsinne, aus geistiger Kraft
- Erkennen der eigenen Wahrheit – sich selbst auf den Grund schauen.
- u. a.

Meditation ist: In die Mitte gehen

5. Meditation

Die Oberstufen des Autogenen Trainings und der Eutonie sind bereits meditative Übungen. Meditativ deshalb, weil wir hier primär im geistigen Bereich üben. Meditative Übungen können sehr unterschiedlicher Natur sein.

Manche Übungen sind mehr auf gleichbleibende Konzentration ausgerichtet, z. B. auf den Atem, eine bestimmte Körperstelle, einen äußeren Gegenstand, eine Zahl, ein bestimmtes Wort, oder auf eine Farbe. In anderen Übungen wieder nehmen wir Schwingungen von Musik auf, versenken uns in Landschaften, Stimmungsbildern u.a.

Es gibt viele unterschiedliche Arten von Meditation, worauf ich hier nicht näher eingehen möchte. Für jeden einzelnen Menschen wird eine bestimmte Übungsart optimal sein, und diese sich vielleicht im Laufe der Zeit verändern.

Wahre Meditation sollte in jedem Augenblick des Alltages geschehen

Aller Meditation liegt sicherlich ein gemeinsames Ziel zugrunde: Die meditative Haltung im Alltag zu erreichen, bewußt und achtsam zu sein auf alles, was in Handlungen und Worten während des Tagesablaufes geschieht. Dies bedeutet, voll und ganz in diesem Augenblick, in der gegenwärtigen Handlung zu leben.

5. Ausklang

Was ist Heilung wirklich? Wahre Heilung kann nie von außen geschehen, von außen erhalten wir höchstens einen Aufschub, doch leisten müssen wir letztendlich die Arbeit selbst.

Heilung ist Weckung eigener Kraft

Heilung ist stets Harmonisierung der eigenen Kraft, das innere Gleichgewicht finden. Unheil-Sein bedeutet, daß wir noch zuviel an Äußeres gebunden sind, Heilung ist die Entwicklung eigener Kraft.

Auf 3 Ebenen ist die Entwicklung der eigenen Kraft möglich:

in

Körper

- Entwicklung der optimalen Körperkraft, indem wir dem Körper das für seinen gesunden Aufbau Notwendige zuführen über die richtige Ernährung; dies macht uns zugleich frei vom Körper.

Seele

- Entwicklung seelischer Kraft, indem wir uns über die geübte Entspannung loslösen von außen, unsere Gefühle auf den „Nullpunkt" bringen, und so den Punkt des inneren Gleichgewichtes erreichen, von dem wir aus die größte Wirkungskraft entfalten. Der Entspannungszustand ist gleichzeitig der Zustand der Liebe, Hingabe und des Vertrauens.

Geist

– Entwicklung geistiger Kraft, indem wir uns im Erkennen unserer eigenen Wahrheit ausrichten auf das Positive, im bewußten Annehmen von allem, was uns begegnet, das Negative auflösen, und so Frieden in uns selbst schaffen.

Handeln wir aus dem Sein heraus, so handeln wir richtig

Sind wir im Einklang mit uns selbst, befinden wir uns im dynamischen Spannungsfeld zwischen Spannung und Entspannung. Im Zustand der Tiefenentspannung wird eine besondere Ruhe erzeugt, bei der die Physiologie ihren Grundzustand erreicht, die Aktivität bzw. das Bewußtsein zum Zustand seiner geringsten Anregung kommt. Letzterer ist aber die Basis aller Veränderungen, das Feld aller Möglichkeiten, die Grundlage allen Wissens und die Heimat aller Naturgesetze. Zu diesem unveränderlichen Basisbereich „Sein" Zugang zu gewinnen, bedeutet in steigendem Maße weniger Fehler zu machen, richtiger, im Einklang mit den Naturgesetzen zu handeln.[24]

Anhang 1

PSYCHOLOGISCHE HILFEN FÜR DEN ALLTAG

Genuß ohne Reue

1. Was mache ich, wenn

– ich bei Verwandten eingeladen bin und diese mir das Gefühl geben, sie haben extra für mich gekocht?
Ich werde mich mit charmanten Komplimenten über das Essen den Dingen zuwenden, die in meinen gesunden Speiseplan passen (z. B. Fleisch, Fisch, Gemüse, Kartoffeln) und unter Umständen das Dessert weglassen: „Ich bin schon so satt".

– man mir beim Nachmittagsplausch eine Torte anbietet, die ich eigentlich nicht essen möchte, weil sie mir nicht bekommt?

Ich lehne freundlich, aber bestimmt ab: „Ich mache mir nichts aus Süßem." Falls die Leute aber Sie bereits anders kennengelernt haben: „Mein Geschmack hat sich gewandelt"; oder „ich fühle mich besser ohne Süßigkeiten".

– man Ihnen unbedingt eine Speise aufdrängen möchte:
„Danke, ich bin schon sehr satt; ich bin schon zufrieden", im Notfall „das bekommt mir nicht so gut". Falls es eine Alternative gibt, stürzen Sie sich darauf: „Das ist ja wunderbar. . .". Vermeiden Sie auf jeden Fall Bemerkungen wie: das ist nicht gesund (man wird böse auf Sie sein), oder: Das darf ich nicht (man wird Sie für krank oder unfrei halten).

– ich bei den Eltern eingeladen bin und diese mich zum Vielessen ermuntern, meine guten Vorsätze schwächen, indem sie mir von diesen und jenen Großvätern / Großmüttern erzählen, die alle über 90 wurden mit Alkohol, Zigaretten und täglich Süßem etc.

Ich weiß dann, daß diese erstens unter ganz anderen Lebensbedingungen aufwuchsen, kaum Streß, wenig Lärm, viel körperliche Tätigkeit etc. und zweitens nicht meine Konstitution hatten. Je sensibler ein Organismus und je mehr Kraft für außen (Leistung, Streß) benötigt wird, desto weniger Kraft steht ihm für die Verdauung zur Verfügung.

Ich werde mich aber keinesfalls in Gegenargumente einlassen und hinreißen lassen, zu widersprechen, werde alle Energie für die wenigen Worte sammeln: „Nein danke, ich möchte nicht mehr".

Wenn nötig, diese in Form „gesprungener Schallplatte" unbeirrt wiederholen.

– ich im Flugzeug reise:

Entweder mache ich mir die Mühe und bestelle ein Diätmenue vor, das ist möglich, oder ich greife mir noch das Bekömmlichste heraus: z. B. Gemüse, Käse. Oder noch besser: Ich esse vor der Flugreise etwas lange Sättigendes und lasse die Mahlzeit ausfallen.

– ich viel im Ausland bin:

Ich muß mich natürlich nach den ausländischen Angeboten richten. Aber überall gibt es Fisch, Geflügel, Fleisch, Gemüse, Kartoffeln, Käse, Milch, Früchte.

– ich in der Kantine essen muß:

Ich lasse Suppen, Soßen und Nachspeisen weg, beschränke mich auf Fisch, Geflügel, Fleisch, Gemüse, Kartoffeln. Zuhause hole ich mit kräftigem Frühstück und einem ausgesuchten leichten Abendessen den Vitaminbedarf nach.

– ich abends vor dem Einschlafen oft Hunger verspüre und nicht einschlafen kann, wenn ich nichts esse?

Ich trinke dann eine Tasse leichten Kräutertee mit etwas Honig, was den Blutzuckerspiegel anhebt. Dazu esse ich evtl. Knäckebrot mit Butter, etwas Honig oder leichte Vollkornkekse fein gemahlen, nicht geschrotet, am besten ungesüßt, oder Vollkornzwieback. Auch das dünne und sehr leicht verdauliche Reisbrot (erhältlich mit Mais, Hirse, Buchweizen, etc. im Reformhaus) ist dazu sehr geeignet.

– ich nur eine halbe Stunde Mittagspause habe, aber in der Cafeteria nebenan nichts „Wertvolles" bekomme?

Ich nehme mir von zuhause etwas mit: z. B. Reissalat (ungeschälter Reis plus Gemüse plus Hühnerfleisch + Tropfen Zitronensaft plus Kräutersalz), Nudelsalat (Vollwertnudeln mit Kräutern, etwas Sahne, Käsestückchen, Gemüse, Kräutersalz und Tropfen Zitronensaft), Maissalat, oder Vollwertbrote belegt, oder ein selbst gemachtes Müsli, oder Vollwertkekse und 1 Tasse Milch etc.

– ich selbst Gäste habe?

Sie können sich stets dem vermuteten Geschmack Ihrer Gäste anpassen, indem Sie ein zartes mageres Fleisch und Fischgericht oder Geflügel anbieten, die Soße mit Sahne und Kräutern angerichtet. Sie reichen dazu Gemüse, ect. Kartoffeln oder Vollreis (wird noch am ehesten akzeptiert), als Dessert bereiten Sie etwas aus der biologischen Küche z. B. mit Sahne, Honig, Fruchtmark, oder auch Eisparfaits. Sie werden das aber Ihren Gästen nicht als besonders gesund anpreisen, sondern lassen sich überraschen, wie sehr es diesen schmecken wird. Vielleicht können Sie den Aperitif für sich entbehren, vom Wein soviel nehmen, als Sie sich ausnahmsweise genehmigen möchten. Falls Sie ganz tapfer sein möchten, nippen Sie nur unauffällig daran.

– ich genau weiß, daß ich heute „sündigen" werde?

Dann nehme ich entweder eine kräftige Portion Basenpulver oder einen Eßlöffel „Luvos Heilerde Innerlich" vor und nach der Mahlzeit. Dadurch werden die Giftstoffe neutralisiert und ausgeschieden. Bitte aber das nicht zur Dauereinrichtung werden lassen, die Rechnung geht auf die Dauer nicht auf! Die Natur läßt sich nicht betrügen!

– ich oft auf Cocktails bin, wo viel getrunken wird?

Ich lasse mir das Glas vollgießen und nippe unauffällig daran. Gelegentlich stelle ich es zur Seite und gehe zum frischen Mineralwasser über. Das tun meist auch die übrigen Gäste nach und nach. Führen Sie nur keine Gespräche darüber, wie „sauer" und ungesund der Alkohol sei, man wird Sie schnell für einen Misanthropen halten, der das Leben nicht genießen kann. Was wahrer Lebensgenuß bedeutet, ist häufig den Gewohnheitstrinkern, die sich konstant übersäuern, ohnehin fremd

– ich auf Urlaub bin in exotischen Ländern?

Dann genießen Sie in Maßen alles, was das Land zu bieten hat! Die Wärme, die Muße, helfen Ihrem Körper auch mit Ungewohntem fertig zu werden; außerdem benötigen Sie keine Kraft für Arbeitsleistung, also haben Sie mehr Energie für die Verdauung übrig.

– wenn ich sehr ungern selber koche, bei mir immer alles schnell gehen muß?

Ich bereite mir dennoch selbst etwas zu. Der Aufwand lohnt sich. Denn das Zubereiten ermöglicht es Ihnen, eine gewisse Beziehung zur Speise herzustellen, was wichtig ist für Ihre psychische Sättigung! Sie stimmen sich gleichsam auf Ihr Mahl ein, was Ihnen hilft, kleinere Portionen zu essen.

– wenn ich von einem Extrem ins andere falle, vom Hungern zum Überessen, und mein Gleichgewicht nicht finden kann?

Mit dem Mahlzeiten Auslassen aufhören! Mehr Geduld und Zeit aufbringen! Sie schaffen Ihr Ziel sicher, aber nicht von heute auf morgen. Essen Sie das Richtige, vor allem viel Vollkorn (50%) und Gemüse (30 %). Essen Sie langsam und soviel als Sie glauben, Hunger zu haben. Essen Sie nicht zuwenig!

Die Überreaktion des Stoffwechsels wird sich auf diese Weise von selbst einpendeln, Sie werden innerlich ruhiger werden und der Drang, sich zu überessen wird weniger und weniger werden! Sie werden „wie von selbst" Gewicht verlieren, nur eben langsam, wenn Sie übergewichtig sind, aber in Ruhe das Richtige essen.

Zusätzlich machen Sie regelmäßig Entspannungsübungen, damit Sie lernen, mehr in sich zu ruhen.

Stellen Sie sich auch die Frage: Was verursacht mir Angst?

2. Was mache ich, wenn ich über mein Eßverhalten mehr Kontrolle erlangen möchte?

- Ich gehe am besten schrittweise vor: Ich beginne mit dem Einhalten einer Regel für eine bestimmte Zeit, bis sie mir zur Gewohnheit wurde. Dann nehme ich mir eine zweite vor.
- Ich lege mir bei meinen Mahlzeiten nur einmal etwas auf den Teller.
- Ich lasse ab und zu einen kleinen Rest übrig.
- Ich esse und trinke nur zu den von mir festgelegten Zeiten.
- Ich esse und trinke zuhause nur an dem von mir festgelegten Eßplatz.
- Ich nehme mir Zeit für das Essen und kaue bewußt und gründlich.
- Ich entspanne mich eine Minute vor jedem Essen.
- Wenn das Essen kalt serviert wird, übe ich es, mich einige Minuten in Anbetracht des Gerichtes zu entspannen, davor auszuharren ohne gleich zuzulangen. Dadurch verliert das Essen für mich einen Teil seiner unwiderstehlichen Anziehungskraft.

- Ich esse nie nebenbei (Fernseher, Lesen etc.) und nie im Stehen, sondern decke jedesmal den Tisch so hübsch es geht und hebe dadurch das Essen von anderen Tätigkeiten ab.
- Ich esse und trinke ab . . . abends keine Nahrungsmittel mehr (Ausnahme leichter Snack, falls Einschlafprobleme).
- Wenn ich das Gefühl habe, zwischen den von mir festgelegten Zeiten etwas essen oder trinken zu müssen, warte ich fünf Minuten und mache zunächst einmal etwas anderes, was mir Spaß macht (Stricken, Radio, Zeitschrift, . . .). Es kommt dabei darauf an, eine Distanz einzulegen zwischen dem ersten Impuls und der Tat. Das macht freier.
- Ich konzentriere mich bei meinen Mahlzeiten auf Essen und Trinken und vermeide alle anderen Tätigkeiten außer Tischgesprächen (nicht über Arbeit reden! Am besten über das Essen)!
- Ich esse niemals auf Vorrat! Wenn ich z. B. weiß, daß ich abends erst spät etwas bekommen werde, esse ich trotzdem mittags nicht mehr, als mir augenblicklich guttut!
- Ich lasse in der Wohnung keine anderen Nahrungsmittel sichtbar herumstehen, als die, die ich bewußt essen möchte.
- Ich gehe nur zum Einkaufen, wenn ich vorher gegessen habe und keinen Appetit verspüre.
- Ich nehme mir eine Einkaufsliste mit und kaufe keine zusätzlichen Lebensmittel ein, die mich zum ungeplanten Essen verleiten.
- Ich übe mich darin, freundlich, aber bestimmt „nein" zu sagen, wenn mir etwas angeboten wird, was ich nicht möchte.
- Ich lege das Besteck während jeder Mahlzeit einige Male aus der Hand und warte jedesmal kurz bevor ich weiteresse.

- Ich trinke in kleinen Schlucken und stelle das Glas nach jedem Schluck weg.
- Ich nehme nur jeweils die halbe Gabel / Löffel voll, bevor ich sie / ihn zum Mund führe.
- Ich genieße bewußt das Essen und schmecke jeden Bissen ganz aus (Sättigungsgefühl nach ca. 15 – 20 Minuten).
- Wenn ich glaube, von einer Speise, die mir objektiv nicht gut tut, nicht lassen zu können, so esse ich davon ein wenig, dafür ganz langsam und bewußt und genußvoll.

GUTEN APPETIT!

Anhang 2

Einfache Grundregeln für die gesunde Dauerkost

Diese Anleitungen sind für die mitteleuropäische Klimazone geltend. Wir sollten sie als Basis betrachten, von welcher wir uns je nach Gesundheitszustand und aktuellen Belastungen gelegentlich Abweichungen erlauben.

Je belasteter wir sind, je mehr wir Energie „für außen“ brauchen, desto strenger sollten wir uns an die Basis halten.

Bedenken Sie: Was wir täglich tun, zählt!

1. Wie essen?

Wesentlich ist die Eßkultur. Wir sollten uns angewöhnen, nur gepflegt, d. h. in Ruhe und bewußt zu essen. Unsere volle Aufmerksamkeit soll dem Essen gelten, allenfalls können wir darüber oder über erfreuliche Dinge Tischgespräche führen. Wesentlich ist auch, daß wir langsam essen (Sättigungsreflex nach ca. 20 Minuten) und gründlich kauen! (Trinke die feste Nahrung, kaue die flüssige!). Nur dann kann die Nahrung gründlich verdaut und zu Energie umgewandelt werden. Im anderen Falle wird sie zersetzt und wirkt im Körper wie Gift!

2. Wieviel essen?

Grundsätzlich: So wenig als möglich! Durch das lange Kauen werden unsere Portionen automatisch kleiner, wir fühlen uns schneller satt. Für jeden gilt natürlich eine individuelle Menge als richtig. Wir sollen genau dann aufhören, wenn wir noch positiv angeregt sind, noch nicht ganz satt. Die Sattheit tritt mit Sicherheit bald darauf ein. So vermeiden wir Übersättigung, die häufig paradoxerweise zu weiterem Überessen verleitet!

3. Wann essen?

Würden wir in unserer „Ganzheit“ stehen, so könnten wir die Zeiten ruhig unserem inneren Hungergefühl überlassen. Da wir jedoch meist sehr von äußeren Umständen bestimmt sind, sollten wir uns auch darin an bestimmte Regeln halten.

Unsere Verdauungsorgane sind am Morgen noch ausgeruht, deshalb gilt:

- Am meisten essen am Morgen (auch schwer verdauliche Speisen)
- weniger zu Mittag
- so wenig als möglich am Abend

Was wird abends zu uns nehmen, wird häufig nicht mehr zu Energie sondern zu Giftstoffen bzw. Fett umgewandelt.

Falls es besondere gesundheitliche Umstände erfordern sollten (z. B. Hypoglykämie), werden wir Zwischenmahlzeiten einschalten.

4. Was essen?

Günstigerweise zu meiden sind:

- scharfe Gewürze (Pfeffer, Senf, Curry, Paprika etc.)
- größere Mengen Rohkost, Fuchtsäfte, Salate, rohes Gemüse (vor allem nicht nach 14 Uhr!)
  Beeren, Bananen, reife Äpfel sind verträglicher als alle Steinobstsorten (Kirschen, Pflaumen, etc.)
  Vorsicht mit blähendem Gemüse auch im gekochten Zustand wie Zwiebel, Knoblauch, Porree, Erbsen, Bohnen
- alle Wurstsorten, außer Rindersaftschinken und Geflügelwurst, Zunge, Bündnerfleisch
- zu große Mengen Fleisch, Geflügel, Fisch. Nur 0,5 g Eiweiß pro Kilo Körpergewicht pro Tag sind zuträglich (kein Schweinefleisch)
- größere Mengen an Milch (nur etwa 1 Tasse pro Tag)
- größere Mengen Eier (nur ca. 3 / Woche)
- alle raffinierten Mehlprodukte (Süßspeisen, Kuchen, Gebäck, Pudding, Brot, geschälter Reis, Teigwaren, etc.)

- Süßigkeiten mit Zucker (Schokolade, Kakao, Pudding, etc.)
- Konserven und konservierte oder chemisch behandelte Lebensmittel
- größere Mengen an Quark bzw. Weichkäsesorten, Yoghurt, Sauermilchprodukten
- alle gehärteten Industriefette, tierische Fette, handelsübliche Margarine
- schwere Vollkornbrote mit ganzen Körnern
- fette Soßen, Suppen, wenn sie nicht gut mit Brot gekaut und eingespeichelt werden, Fleischsuppen
- Limonaden, Cola, etc.

Zu empfehlen sind:

- alle Vollkorn- bzw. Vollwertprodukte (Weizen, Buchweizen, Hafer, Hirse, Mais, Gerste, Roggen, Grünkern, Dinkel), vollwertige Nudeln
- Gemüse leicht gekocht, auch Kartoffeln
- Süßspeisen aus Vollwertmehl gesüßt mit Honig bzw. einer guten Sirupart wie etwa Ahornsirup
- Mineralwasser ohne Kohlensäure, leichter Kräutertee
- Hartkäsesorten
- Kompott (mit Honig gesüßt)
- Fisch, Geflügel, Fleisch in mäßigen Mengen
- Butter, naturbelassene Pflanzenöle wie Sonnenblumenöl, Maiskeimöl, Distelöl etc.

Zu den Gemußmitteln:

Tabak, Alkohol, Kaffee sollten, falls wir diese noch zu unserer Lebensfreude zu benötigen glauben, so dosiert und bewußt als möglich genossen werden! Nie nebenbei nehmen und diese auf keinen Fall zur Gewohnheit werden lassen, denn Gewohnheiten entbehren der vollen Aufmerksamkeit und deshalb enthalten sie nicht den vollen Genuß, das ist schade!

Außerdem verändern Genußmittel mit der Zeit unseren Stoffwechsel derart, daß wir abhängig davon werden.

Es ist wahr:

Um auf Dauer gesund zu bleiben, dürfen die allermeisten Menschen nicht alles essen, was erreichbar ist. Aber es gibt einen Trost: Die Änderung unseres Stoffwechsels über eine gesunde Ernährung bewirkt auch eine Änderung unserer Bedürfnisse und unserer Gefühle! Haben wir einen „negativen Stoffwechsel“, so haben wir automatisch Verlangen nach Negativem, „zerstörerischer Nahrung“.

Haben Sie Mut und Vertrauen!

Nach einer Zeit hat die Qual der Kluft zwischen Ihrem unmittelbaren Bedürfnis und dem, was Sie aus Gesundheitsgründen essen sollten, ein Ende.

So daß wir mit der Zeit wollen, was wir sollen!

Anhang 3

Muskelentspannung nach Jacobson

Für die Durchführung dieser Entspannungsübung setzen Sie sich am besten in einen bequemen Sessel. Öffnen Sie beengende Kleidung. Lehnen Sie sich mit dem Rücken an, legen Sie die Arme auf die Lehne und schließen Sie die Augen . . . Sie können sich auch auf ein Sofa oder Bett legen. Legen Sie sich dann möglichst entspannt hin. Arme und Beine fallen ganz locker neben den Körper. Sie liegen auf dem Rücken und schließen die Augen. Konzentrieren Sie sich auf die folgenden Anweisungen und führen Sie sie genau aus.

Seien Sie ganz ruhig und entspannt —

Und nun ballen Sie die rechte Hand zur Faust. Ganz fest! Noch fester! Ja, gut so!
Und nun entspannen Sie sich wieder! Lassen Sie die Hand ganz locker fallen, und fühlen Sie, wie die Spannung langsam entweicht —

Und nun ballen Sie bitte die linke Hand zur Faust! Ganz fest! Noch fester! Ballen Sie die Finger fest zusammen! Ganz fest! Noch fester!

Und nun entspannen Sie sich wieder, lassen Sie die Hand ganz locker fallen, und fühlen Sie, wie die Spannung langsam entweicht —

Und nun ballen Sie beide Hände zur Faust! Pressen Sie die Finger ganz fest zusammen! Noch fester!

Und nun entspannen Sie sich wieder, lassen Sie die Hände locker fallen, und fühlen Sie, wie die Spannung langsam entweicht. Und fühlen Sie den angenehmen Unterschied. Und Sie sind ganz ruhig und entspannt —

Und nun spannen Sie bitte das rechte Bein (strecken Sie es und heben es leicht an) und den rechten Fuß an. Ganz fest! Noch fester!

Und nun entspannen Sie sich wieder, lassen Sie das Bein locker fallen. Fühlen Sie den angenehmen Unterschied —

Und nun spannen Sie das linke Bein und den linken Fuß ganz fest an. Noch fester!

Und nun lassen Sie das Bein wieder locker fallen, und fühlen Sie, wie die Spannung entweicht.

Und nun spannen Sie beide Beine und Füße an. Ganz fest! Noch fester! Und nun lassen Sie wieder locker, entspannen Sie sich, fühlen Sie, wie die Spannung entweicht, fühlen Sie den angenehmen Unterschied . . . Und Sie sind ganz ruhig und entspannt . . . ruhig und entspannt . . . ruhig und entspannt —

Und nun ballen Sie noch einmal beide Hände zur Faust! Pressen Sie die Finger fest zusammen. Spannen Sie nun gleichzeitig beide Beine an. Strecken Sie die Beine nach vorn, heben Sie sie an, beißen Sie die Zähne fest zusammen und halten Sie die Spannung —

Und nun entspannen Sie sich wieder! Und fühlen Sie, wie die Spannung allmählich entweicht: aus den Fingerspitzen – aus den Händen – aus den Armen – aus den Schultern – aus dem Gesicht – aus den Füßen – den Unterschenkeln – den Oberschenkeln – aus Ihrem ganzen Körper —

Und nun sind Sie ganz ruhig und entspannt . . . ganz ruhig und entspannt . . . ganz ruhig und entspannt.

Anhang 4

Das Autogene Training

Aufgrund meiner Erfahrung schalte ich den 6 Übungen des Autogenen Trainings eine Grundübung vor, in der wir all unsere Aufmerksamkeit von außen abziehen und systematisch vom Kopf bis zu den Füßen auf unser Körperempfinden lenken. Wir spüren daher den Körper sozusagen von innen her.

Die einfachste Position ist für die meisten Menschen die Rückenlage, Arme und Beine locker gestreckt, die Handflächen zeigen beliebig nach unten, innen oder oben, die Fußspitzen fallen natürlich auseinander. Der Nacken ist lang, d. h. das Kinn ist ein wenig angezogen.
Wir fühlen von innen her die

- Stirn
- Augen, Augenlider sind schwer
- Mund, Kiefermuskeln lösen
- Hals, Nacken weit sein lassen
- Schultern spüren von innen her
- aus den Schultern heraus die Arme, Oberarme, Unterarme, Hände bis in die Fingerspitzen
- den Rücken empfinden bis zu den Hüften
- Bauch/Beckenraum erspüren von innen, Atem wahrnehmen, wie er die Bauchdecke sanft bewegt, ohne ihn zu verändern
- die Beine, Oberschenkel, Unterschenkel zum Boden hin lassen
- die Füße, Fersen, Fußsohlen, Zehen

Bei dieser „Eingangsübung" allein findet der Mensch schon nach innen und wird ruhig.

Darauf folgen die beiden Basisübungen

- Gelöstheit (früher Schwere nach Schultz)
- Wärme

des dominanten Armes.

Wir lenken die Aufmerksamkeit auf den dominanten Arm (rechter beim Rechtshänder, linker beim Linkshänder), fühlen uns in ihn ein und stellen uns

lebhaft vor, wie die Muskelspannung „abfließt" und die Lebensenergie von der Schulter herab frei wieder durch den Arm fließen kann. Wir verstärken den Vorgang, indem wir die Formel denken:
„Mein rechter (linker) Arm ist ganz gelöst (ca. 3 - 6 ×),
ich bin ganz ruhig (1 ×)",
und
„Mein rechter (linker) Arm ist strömend warm
(3 - 6 ×).
Ich bin ganz ruhig (1 ×)".

Bei der Wärmeübung stellen wir uns lebhaft vor, wie alle Blutgefäße des Armes durch das Erschlaffen der Muskeln weit sind, sich gleichsam öffnen, und ein Wärmestrom von der Schulter durch den Arm fließt bis in die Fingerspitzen.

Über die Reizleitung unseres Nervensystems wird auch der zweite Arm meist nach kurzer Zeit gut entspannt sein, ohne daß wir ihn extra ansprechen müssen.

Daran schließen die Organübungen an:

– Herzübung

  Wir „lauschen" dem Schlag unseres Herzens im Brustraum, stellen uns vor, wie alle Blutgefäße sich erweitern, das Herz gut durchblutet und durchströmt ist, ruhig und gleichmäßig schlägt.

  Wer seinen Herzschlag nicht spüren mag, weil er vielleicht körperlich unangenehme Erlebnisse im Herzbereich hatte (Stechen, Herzstolpern, Angstgefühle und dgl.), der kann den Herzschlag auch über seinen Puls wahrnehmen, wenn er sich auf die Fingerspitzen konzentriert, oder dahin, wo immer er seinen Puls spürt.

  Wir verwenden die Formel:

  „Herz schlägt ganz ruhig und gleichmäßig (kräftig bei niederem Blutdruck), (3 - 6 ×).
  Ich bin ganz ruhig (1 ×)."

– Atemvorübung

  Auch hier verwende ich aus Gründen der Erfahrung eine Übung, die eigentlich aus einer anderen

Entspannungstechnik übernommen ist. Ich verwende sie als Vorübung zur eigentlichen Atemübung (nach Schultz). Sie ist bei vielen Menschen sehr beliebt und ist besonders bei „kopflastigen" Menschen eine gute Entlastung des Kopfbereiches; diese Übung allein ist für viele Menschen mit Schlafstörungen sehr hilfreich als Einschlafübung. Wir stellen uns dabei lebhaft vor, unser Bauchraum und unsere beiden Beine seien hohl und wir könnten mit jedem Ausatemzug warme Luft in unseren Bauchraum und durch die Beine atmen. Günstig ist es, durch den Bauch und das rechte Bein ca. 20 Ausatemzüge zu üben (nicht zählen!), dann durch den Bauch und das linke Bein, sodann den Ausatem durch Bauch und beide Beine zu lassen. Eigenrhythmus und Länge des Ausatems dürfen nicht absichtlich verändert werden!

Wir überlassen uns dem Atem ohne eigenes Zutun!

– Atemübung

Die eigentliche Atemübung besteht daraus, daß wir den Atemstrom nur noch beobachten, ohne ihn irgendwie zu lenken oder zu verändern. Tief aus unserem Inneren lassen wir den Atem hochsteigen („der eigentliche Atem geschieht mit den Fersen . . ." ein Spruch östlicher Weisheit), und lassen ihn los im Ausatmen. Wir lassen unseren Körper atmen, gleichsam: „Es atmet mich . . ."

Wir verwenden die Formel:
„Atmung ganz ruhig. (3 - 6 ×)
Ich bin ganz ruhig. (1 ×)"

– Leib- oder Sonnengeflechtübung

Tief in unserem Körperinneren in der Höhe etwa zwischen Magen und Nabel liegt das größte Nervenzentrum unseres Körpers, das sog. Sonnengeflecht. Seine Nervenfasern führen zu vielen Organen im Bereich des Bauch/Beckenraumes. Es ist der Sitz unserer Gefühle. Bei der Übung stellen wir uns auf diese Stelle ein und stellen uns strömende Wärme vor. Wir können uns auch bildlich eine kleine goldgelbe strahlende Sonne im Bauchinnern vorstellen, die ihre Wärme verströmt. Auf diese Weise entspannen wir gleichzeitig all unsere Bauchorgane.

Wir verwenden die Formel:
„Sonnengeflecht strömend warm (3 - 6 ×)
Ich bin ganz ruhig (1 ×).“

– Stirnkühleübung

Der Sinn der Stirnübung liegt darin, daß wir uns einen „kühlen Kopf“ bewahren sollen, der Kopf soll „über allem stehen“. Deshalb stellen wir uns vor, wie ein leichter kühler Windhauch über unsere Stirne streicht und sie angenehm kühlt.

„Stirn angenehm kühl (3 - 6 ×).
Ich bin ganz ruhig (1 ×)“.

Diese Übung machen Sie bitte nie unmittelbar vor dem Einschlafen. Falls Sie zu Kopfschmerzen neigen, sollten Sie vorher Ihren Arzt um Rat fragen.

– Zurücknehmen

Am Ende der gesamten Übungen, wir können diese natürlich auch mehrmals durchlaufen, steht das Zurücknehmen. Wir werden dazu unsere Arme mehrmals fest anspannen, einen tiefen Atemzug tun und die Augen öffnen. Jetzt sollten wir uns angenehm belebt und erfrischt fühlen. Tun wir das nicht, sondern fühlen wir uns im Gegenteil jetzt müde, so ist das ein Zeichen, daß wir bereits unsere Körperreserven erschöpft hatten und wir jetzt unseren tatsächlichen energetischen „Minuszustand“ wahrnehmen. Vorher waren wir vielleicht „aufgeputscht“ und haben nur mehr automatisch „funktioniert“.

Wer vollendet liebt, kann alles essen. Doch wer vollendet liebt, kann auch alles lassen. Indem wir das Lassen üben über eine Auswahl in der Ernährung, üben wir uns darin vollendet zu lieben.

LITERATURVERZEICHNIS

	Affemann Dr. Rudolf	„Gesund werden – gesund bleiben"	1978
4	Aivanhov Omraam Mikhaël	„Yoga der Ernährung"	1984
15	Aivanhov a. a. O.		
16	Aivanhov a. a. O.		
	Bachmann Christian	„Die Krebsmafia"	1981
	Bartussek Dr. Alfred	„Der chronische Darmschaden"	1979
9	Bauriedl Thea	„Psychoanalyse, Politik und der Einzelne"	1986
	Brenner Helmut	„Autogenes Training – Schritt für Schritt"	1978
1	Clausnitzer Ilse	„Wegweiser in die Makrobiotik"	1979
7	Collier Dr. Renate	„Natürliche Ernährung in der modernen Welt" Band I und Band II	1984
	Cousins Norman	„Der Arzt in uns selbst"	1979
8	Dethlefson Thorwald	„Krankheit als Weg"	1983
	Eberlein Gisela	„Gesund durch Autogenes Training"	1984
2	Engelbrecht-Greve Maren und Juli Dietmar	„Streßverhalten ändern lernen"	1938
	Gardner Dr. D., Beatty Dr. Grace	„Stopp Stres and Aging Now"	1985
20	Gräf Diether	„Naturgesetze und Sein"	1983
23	Gräf Diether a. a. O.		
24	Gräf Diether a. a. O.		
	Juchli Liliane	„Heilen durch Wiederentdecken der Ganzheit"	1985
	Koob Olaf	„Gesundheit, Krankheit, Heilung"	1983
	Krapf Dr. Günther	„Autogenes Training aus der Praxis"	1973
3	Kushi Michio	„Natürliche Heilung mit Makrobiotik"	1981
6	Kushi Michio a. a. O.		
17	Kushi Michio a. a. O.		
18	Kushi Michio a. a. O.		
	Lenfant Dr. Hermann	„Magen- und Darmschondiät" unveröff.	o. A.
	Marn Günther	„Ein Weg – Ein Ausweg"	o. A.
	Mayr Dr. F. X.	„Schönheit und Verdauung"	1975
	Mayr Dr. F. X.	„Darmträgheit"	1977
	Mayr Dr. F. X.	„Fundamente zur Diagnostik der Verdauungskrankheiten"	1974
	Müller Dr. J.	„Kranke Seele – kranker Körper"	1984
11	Ornstein Robert	„Die Psychologie des Bewußtseins"	1976
19	Ornstein Robert a. a. O.		

	Pelletier Kenneth R.	„Die neue Medizin“	1977
21	Peter Burkhard / Gerl Wilhelm	„Entspannung“	1977
22	Peter Burkhard / Gerl Wilhelm	a. a. O.	
	Rauch Dr. Erich	„Diagnostik nach F. X. Mayr“	1982
5	Rauch Dr. Erich	„Milde Ableitungsdiät“	1978
13	Rauch Dr. Erich a. a. O.		
10	Rauch Dr. Erich	„Autosuggestion und Heilung“	1981
	Rauch Dr. Erich	„Die Darmreinigung“	1981
	Sichrovsky Peter	„Krankheit auf Rezept“	1984
	Scharl Hubert	„Psychosomatische Medizin“	1985
14	Schmidt K. O.	„Gedanken sind wirkende Kräfte“	1976
	Stangl Anton	„Heilen aus geistiger Kraft“	1980
	Stangl Anton	„Die Sprache des Körpers“	1977
	Stangl Maria-Luise	„Jede Minute sinnvoll leben“	1976
	Steiner Rudolf	„Ernährung und Bewußtsein“	1984
12	Streuer Marianne	„Zauberformel Gedankenkraft“	1982
	Teegen / Franke	„Ganzheitliche Gesundheit“	1983
	Tietze Henry G.	„Entschlüsselte Organsprache“	1985
	Vester Frederic	„Phänomen Streß“	1976